이숙영
그림

임수경·지승호 지음

1판 1쇄 발행 | 2016. 5. 23.
발행처 | **Human & Books**
발행인 | 하응백
출판등록 | 2002년 6월 5일 제2002-113호
서울특별시 종로구 삼일대로 457 1009호(경운동, 수운회관)
기획 홍보부 | 02-6327-3535, 편집부 | 02-6327-3537, 팩시밀리 | 02-6327-5353
이메일 | hbooks@empal.com

값은 뒤표지에 있습니다.
ISBN 978-89-6078-426-0 03180

임수경·지승호 지음

Human & Books

목차

"통일의 꽃 임수경은 우리 모두의 역사입니다."

함세웅(신부)

19대 국회의원의 임기를 다하고 떠나기 전에 그동안의 삶을 정리해서 미래, 희망 만들기를 하겠다는 이야기를 들었습니다.

임수경.
갓 스물을 넘긴 여린 여학생이 1989년 8월 15일 문규현 신부와 손을 잡고 휴전선을 넘으며 아씨시의 프란치스코 성인이 남긴 평화의 기도를 외던 모습이 지금도 선명하게 떠오릅니다. '주님, 저를 평화의 도구로 써주소서!'

"통일의 꽃 임수경"에서 국회의원으로 당당하게 여의도에 들어서는 모습을 보며 통일과 민주화를 향한 우리 민족의 고단한 순례가 아주 아름답게 펼쳐질 것이라 생각하며 임수경 의원의 4년을 하느님께서 함께 하시기를 기도했습니다.

국회의원으로서의 임수경은 저의 기대와 달리 제 역할을 다하지 못한 아쉬움이 큽니다. 임수경 본인의 책임도 있겠지만 민주당의 한계, 한국 사회가 가지고 있는 남북문제에 대한 근원적인 한계를 다시 되새기는 계기가 되었습니다.

남과 북의 정치지도자와 민족공동체가 해결해야 할 문제가 22살 청년 임수경에게 덧씌워졌고 우리 사회공동체는 그를 단죄하고 책임을 물었습니다. 통일과 남북이 하나라는 확신에 찬 순수함으로, 젊은 열정으로 홀로 비행기를 타고 평양 순안공항에 내린 그 심정이 어떠했을까? 우리 사회공동체는 순수함과 열정으로 1989년 8월 15일 청년 임수경이 휴전선을 밟으며 제시한 희망은 보려 하지 않습니다.

평양을 여러 차례 방문한 저에게 인상 깊게 남은 조각 전시물이 있습니다. 평양에서 남쪽을 향하는 길목에 세운 탑 안에 임수경의 얼굴이 새겨져 있었습니다. 북측 안내원은 탑을 세운 경위와 함께 "공화국"에서 임수경 학생의 평양 방문 행적을 자세하게 설명했습니다. 남이 아니라 북에서 어린 청년 학생의 통일에 대한 의지와 용기를 아주 높게 평가하는 얘기를 저는 아픈 마음으로 들어야 했습니다. 통일이 되면 "임수경이 평양시장이나 북쪽 어느 지역에서라도 국회의원으로 출마하면 좋겠다"는 꿈같은 상상을 하면서 북의 대중을 향해 내놓을 수 있는 임수경이라는 인물이 우리 사회에 소중한 자산이라 생각했습니다.

북을 다녀온 지난 26년 임수경 개인에게는 많은 사연이 쌓여 있습니다. 한 가정의 딸에서 아내와 어머니가 되기도 했고 크고 작은 일들이 그를 즐겁게도 하고 때로는 슬프게도 하고 분노하게도 했을 것입니다. 그간 겪었던 사연을 전부 이 책에 담지는 못했을 것입니다. 26년의 삶을 개인 임수경으로 살아오기에는 벅찬 일들이 많았을 것이라 생각합니다. "임수경"은 한 개인이 아니라 우리 사회공동체의 아주 중요한 역사의 일부분이기 되었기 때문입니다. 그 자신이 벗어나려 했을 수도 있습니다. 그래서 지난 26년이 더 힘들었을 것입니다.

한 개인, 스물 두 살 청년이 감당하기 어려운 일을 그에게 맡긴 우리 사회공동체는 임수경에게 아주 큰 빚을 지고 있습니다. 한 국가, 한 민족은 같은 역사를 공동의 기억과 유산으로 가지고 있습니다. 아픈 상처도 있고 영광스러운 기억도 있습니다. 공동체는 그 모든 것을 승화해서 아름다운 미래, 희망을 같이 만들어 가는 것입니다. 1989년의 "임수경"은 우리 사회가 같이 기억해야 할 역사입니다.

지난 4년의 체험이 임수경에게 더 좋은 미래를 살아가는 길잡이가 되기를 바랍니다. 그 체험을 통해 성숙한 시민, 우리 사회의 미래를 위해 더욱 헌신하는 시민이 되었으리라 믿습니다. 이제 한 자연인으로 다시 돌아오는 "임수경"을 저는 따뜻한 마음으로 반기고 그 삶이 우리 공동체 안에서 더욱 승화되기를 지켜보겠습니다.

이 책을 같이 읽어 볼 임수경을 사랑하는 모든 분, 이 책을 통해 새롭게 임수경을 만나게 될 모든 분들에게 당부 드립니다. 그리고 임수경 본인에게도 같은 말씀을 드리겠습니다.
"조국은 하나다", "조국은 민족의 어머니이기도 합니다."
감사합니다.

오늘 고백을 시작한다

묻지 않아도
봄은 왔고
묻지 않아도
봄은 가네

봄이 묻지 않아도
그대 안부를 묻자니
저 만치 봄이 가네
해마다 봄은
봄보다 멀리 가나니

봄 허리에 안부를 묶어
조막손 봄을 놓아 보낼 때
무명새가 울어
저기 꽃이 지네

― 서해성 詩

임수경의 어릴 적 별명은 수도꼭지였다. 한번 울음이 터지면 그칠 줄 몰랐다. 중·고등학교 때는 문학소녀였다. 연애편지에도 그 시대 소녀들처럼 작가들의 문장을 끼워 넣어서 보내곤 했다. 나중에 외대 문학상을 받을 수 있었던 비결은 여기 있었다.

여고시절에는 음악 선생님을 좋아해서 합창반에 들어가기 위해 애를 썼지만 쓴맛을 본 뒤 방송반이 되었다. 여기까지는 보통 소녀들의 노정을 크게 벗어나질 않는다. 고작 그걸 듣고자 했다면 이 고백은 시작되지 않았을 것이다.

고백은, 고백을 두려워한다. 고백이 가장 두려워하는 건 바로 고백이다. 임수경은 오늘 고백을 시작하고 있다. 고해성사 같은 종교적 고백도 아니고 연애 감정을 전달하는 애틋한 고백도 아니다. 정치인의 고백은 더구나 아니다. 그냥 고백이다. 1989년 그 날 이후, 그에게는 사사롭게 자기를 말하는 습관이 어디론가 숨어버렸다. 지금 그는 누구에게 고백한다기보다 스스로에게 고백을 시도하고 있다. 나를 말하는 첫 발음으로서의 고백이다. 사람들이 알고 있는 임수경과, 임수경이 말하는 임수경 사이에, 이 고백은 놓여 있다.

투명하지만 무거운 고백

김무명(이하 무) / 고백을 해본 적이 있나? 단, 진짜 고백을 해야 해.
임수경(이하 임) / 글쎄… 어떤 고백이 있을까요.

무 / 오늘이 어제의 고백이라면 삶도, 세상도 간명할 것이다. 죄가 없는 세상이 될 테니 말이다. 물론 재미는 전혀 없을 것이다. 죄 없는 세상처럼 심심한 세상이 어디 있겠는가? 범죄의 징벌로서 죄만을 말하는 건 아니다. 오늘은 임수경을 말해보자.

임 / 솔직히 저는 자신을 드러내길 주저하는 마음이 깊지 않을까 싶어요. 까닭은 잘 모르겠어요. 내가 진심으로 얘기를 해도 듣는 사람이 온전히 이해를 해주지 못할 것 같은 공포가 내장되어 있는 듯해요. 고백이란 말은 투명하지만 징그러운 무게감이 느껴져요. 나를 벗어버려야 온전한 고백일 수 있을 것 같은데. 아… 힘들어요.

무 / 이건 경찰이나 안기부 수사가 아니라 인간 고백일 뿐이다.

임 / 좋은 이야기는 좋은 이야기대로, 마음 속 상처 같은 이야기 또한 그대로 드러내는 게 고백이죠. 그런데 사람이 얼마나 솔직해질 수 있을까요?

무 / 그럴 때 만나는 전문 고백 상담자 같은 직업도 있지 않나?

임 / 맞아요. 신경정신과에 다닌 적도 있는데 한 10년쯤 전에요. 내 이야기를 하는 과정을 통해 뭔가 속이 뚫리길 바랐지만 그때도 속마음을 다 끄집어내지는 못했던 것 같아요. 제 발로 찾아가 제 돈 내고 치료받으러 간 병원인데도 제대로 말을 못한 거죠.

무 / 쉬운 것부터 해보자. 초등학교 때 사내아이들과 주고받은 유치한 사연 같은 거라도.

임 / 크리스마스카드 만들어서 쥐어준 아이가 있었어요. 조용하고 말 없는 친구였는데, 학교에 같이 걸어다니고 도시락이랑 떡볶이도 먹고, 나란히 앉아 뽑기도 하고요. 그게 그 친구의 고백이었는데요. 답장은 안 해줬어요.(웃음).

무 / 그 이야기를 사춘기로 올려보자.

임 / 아침에 학교에 가려고 대문을 열면 전봇대 뒤에 숨어서 나를 보곤 하는 학생이 있었어요. 늘 같은 자리에서 나를 기다렸는데 걸어 내려가면 내 뒤를 따라오는 발자국 소리가 들리곤 했어요. 우리 집이 평창동인데 큰길로 나서면 진명을 다니는 나는 왼쪽 방향으로, 그는 건너편 정릉 방향 차를 탔죠.

무 / 편지 같은 게 오가던 시절인데요.

임 / 편지를 받고 또 받고, 일방적으로 받기만 했어요. 봉투가 두툼했는데 서너 장씩은 써 보냈거든요. 칼릴 지브란, 강석경 등 글줄을 베껴서 보내곤 했어요. 생각해보니 편지 없이 연애하는 건 조금은 슬픈 일이란 생각이 드네요(웃음).

무 / 문학만이 아니라 음악을 좋아하던데 언제부터 였나요?

임 / 음악선생님을 좋아했어요. 선생님은 그저 데면데면 모르는 척하셨고요. 음악선생님이 지도하는 합창반에 들어가고 싶었는데 긴장한 탓에 노래가 잘 나오질 않았어요. 함께 갔던 친구는 합격하고 나는 떨어졌어요. 친구가 선생님께 "제가 합창반 안 할 테니 대신 수경이 시켜주시면 안 되나요?" 애걸복걸했는데 선생님은 빙그레 웃기만 하시고요. 합창반이 50명도 훨씬 넘었던 것 같은데 참, 그걸 떨어지고. 대신 음악선생님이 지도하는 방송반에 들어갔죠. 한 번 떨어지고 재수해서 붙었어요(웃음).

무 / 교내 동아리 들어가기가 대학입시보다 어렵네요?

임 / 방송반 시험이 100곡 클래식음악을 1분 들려주고 작곡가와

곡명을 쓰기 였어요. 자면서도 이어폰 귀에 꽂고 스펠링도 어려운 서양 작곡가 이름 외우고, 그렇게 음악을 들었어요. 근데 여기서 은근히 고백할 게 생기네요. 그 다음해, 또 그 다음해 그렇게 몇 해 지나 음악선생님을 봤는데 '내가 왜 저 선생님을 좋아했지?' 하는 마음이 들더라고요(웃음).

무 / 집안 분위기는 음악과 관련이 있었나요?

임 / 아버지가 음악을 좋아한건 아닌데 차이코프스키, 베토벤 등 클래식 LP를 집에 사들여왔어요. 현을 위한 세레나데, 베토벤 「봄」 소나타 모두 그때 들은 음악들이죠. 저는 초등학교 때 피아노를 배웠고, 성당에서 성가대 반주 정도는 했어요.

무 / 문학전집은 집에 없었나요? 그때는 전집 시대였는데요.

임 / 아동문학전집 100권짜리가 집에 있었어요. 제 기억에 언니와 오빠들은 책을 안 읽었어요. 한동안은 언니 오빠들이 책을 안 좋아했나보다 생각했는데 돌이켜보니 제가 막내니깐 비로소 그때쯤에야 우리 집이 동화책 사줄 형편이 되었던 거예요. 아버지가 보던 고전문집도 물론 있었고요. 대학 때 외대문학상을 받은 건 전적으로 이 전집과 연애편지에 헌정하는 게 맞을 거예요.

무 / 전형적인 서울 중산층으로 알고 있었는데요.

임 / 제 위 남매들은 어렸을 때 사진이 거의 없어요. 찍을 형편이 안 되었던 거죠. 제가 서너 살 때 아버지가 카메라를 사서 그때부터 사진이 남아 있고요.

창경원 나들이. 제일 왼쪽 아이가 임수경(1973)

무 / 성장기 때 내 한 장의 사진을 꼽는다면?

임 / 온 가족이 창경원 나들이를 갔는데 엄마 아빠가 쥐고 있던 손을 놓치고 말았어요. 두 어른이 서로 막내 딸내미 손을 잡고 있는 줄 알았다가 한참 가다 보니 막내가 없어진 거죠. 작은 오빠가 담벼락 높은 곳에 올라가 사람들 틈바구니에서 울고 있는 나를 찾아낸 뒤에 찍은 사진이 아직도 있어요. 모두 환하게 웃고 있는데 다섯 살 막내만 아직 울상이죠.

무 / 형제가 넷인가요?

임 / 언니는 큰오빠랑 친했고 나는 작은오빠랑 가까웠어요. 큰오빠는 어딘지 무섭고 멀었어요. 내가 기르고 싶어 병아리를 사 왔는데 일주일도 못 가서 죽곤 하잖아요. 요행인지 한 마리가 꽤 오래 살았는데 강아지가 그만 물어 죽인 거예요.

내가 울고불고 하니까 마침 학교에서 돌아온 큰오빠가 신발로 강아지를 마구 때려줬어요. 그때 문득 큰오빠랑 친해졌죠. 함께 뒷동산에 올라가 나무십자가도 만들고 묵념도 했어요. 근데 웃긴 게 뭔지 알아요? 큰오빠는 그 기억이 일체 없다는 거죠, 지금까지.

무 / 기억이란 참으로 이상한 성질을 지닌 놈 아닌가? 암튼 그게 임수경이 치른 첫 이별이자 장례였군.

임 / 솔직히 기이할 정도로 그때 장면이 생생하게 떠오르고 아직도 생각하면 슬퍼요. 그 강아지는 결국 쫓겨나 다른 집으로 갔어요.

무 / 이야기가 시차 없이 섞이기는 하지만 사립 초등학교를 다닌 것 아닌가?

임 / 상명부속초등학교 다녔는데, 그때 부모님께서 왜 우리를 전부 사립에 보냈는지 몰라요. 사립학교라서 기성회비도 맨날 밀리곤 했거든요. 준비물도 제대로 못해가서 선생님께 얻어맞기 일쑤였고 그때 촌지 관행도 심하던 때인데 우리 엄마는 학교에 일체 오지 않았고요. 꽃으로도 때리지 말라는 애들을 그 시절엔 왜 무시로 때렸을까요. 아빠가 직장(신문사)에서 잘려서 4학년에서 6학년 때까지 직업이 없으셨어요. 중학교 2학년 때부터도 2년간 직업이 없었고요. 등록금 안 낸 학생 일으켜세워 창피 주는 건 그야말로 아동학대죠. 선생님이 왜 등록금을 안 냈냐, 아버지 직업이 뭐냐 물으실 때, 아빠가 직장을 그만두셨다는 말을 차마 못했어요. 모르겠어요. 왜 그랬는지.

무 / 지금 세대는 들으면 못 믿겠지만 납부금 제때 못 낸 학생들은 하루하루가 끔찍했지.

임 / 언니는 아빠 직업이 신문기자라고 그냥 말했다는데 선생님이 어느 신문이냐고 물으니 「경향신문」, 「서울신문」, 「중앙일보」 세 개를 한꺼번에 대답했대요. 자동차 있는 집, 냉장고 있는 집, 손들게 하고 지금 사는 데가 자가냐 전세냐 묻고 학교가 참 고약했어요.

무 / 해직당한 집안 풍경이 들여다보인다.

임 / 물려받은 재산이 있는 것도 아니고요. 월급이 끊기면 4남매 키우기 힘들었던 거죠. 어머니가 친정 목포에서 멸치를 떼다 팔고, 외숙모가 하시던 순창고추장도 팔고, 사람들이 이런 이야기를 하면 평창동에 살았다는 이유만으로 숫제 안 믿으려고 해요. 멸치가 올라오면 씨알에 따라 분류하고 똥을 떼어내고 봉지에 담고 하는 일을 제가 다 하면서 자랐는데 말이죠. 비오는 날에는 오빠만 우산 씌워 보내고 나는 학교까지 버스로 두 정거장 거리였는데 우산 없이 걸어가곤 했어요. 막내한테까지 우산 차례가 오지 않아서요.

무 / 신파 분위기가 물씬하다.

임 / 과자 이야기 하나만 더 하면 뽀빠이 아세요? 뽀빠이는 10원, 자야는 20원이었는데 거기 별사탕이 들어가 있었어요. 자야가 너무 먹고 싶었는데 뽀빠이밖에 못 사먹었어요. 부라보콘은 무려 150원, 손가락 입에 넣고 구경만 했죠. 버스가 15원, 20원 두 종류 있었는데 15원짜리 버스 타려고 두 시간 기다린 적도 있고요.

무 / 실직했을 때 아버지들은 무얼 하나?

임 / 초등학교 때는 상황을 몰랐던 거 같고 중학교 때 아버지의 실직을 이해했던 듯해요. 아침마다 산에 가자고 아빠가 깨워요.

평창동 집이 북한산 자락에 있으니 매일 산을 다녔는데 난 정말 일어나기 싫었지만 결국 따라다녔어요. 산에서 삐라를 주워서 파출소에 갖다주고 연필이랑 공책이랑 받아오고 그랬죠.

일요일에는 아버지 따라 광화문에 있는 구세군교회도 가고, 명동성당도 가고 했어요. 안 간다고 투정부리면 짜장면 사준다, 피자 사준다고 해서 따라나서곤 했죠. 결국 천주교에 입문해서 명동성당을 다녔는데 그때 명동 유네스코회관 지하 이태리식당에서 피자를 사먹은 적도 있어요. 지금처럼 피자가 대중적이지 않을 때니까 처음 먹어봤는데 정말 신기한 맛이었죠. 그런데 그 돈은 어디서 났을까요? 심장이 덜컹거렸을 것 같아요. 혼자서는 나갈 용기가 없는 실업자 아빠, 피자 사준다고 애들을 구슬려 같이 나오긴 했지만 계산서 앞에서 주눅 들지 않았을까요? 집에서 놀 때 아버지는 내내 성경책만 보셨어요. 그걸 읽으면서 착해지신 게 아니라 내 생각에는 나약해지셨어요. 아버지가 집에만 있으니 어린 마음에 짜증이 나기도 했고 불편했어요. 지금은 여든 넘어 밥도 직접 차려 드시고 하지만 그때는 물 한 모금, 손톱 깎기 하나 직접 가져다들지 않는 분이었어요.

무 / 실직 대신 딸을 새삼 발견하게 된 거군. 일단 여기까지.

스스로에게도 하지 않은 고백에 대하여

경찰이던 소녀의 외할아버지와 큰외삼촌은 6·25 때 인민재판 끝에 처형되었다. 전쟁도 난리도 봉건의 사슬도 그 집을 비껴간 적이 없었다. 살아가는 동안 소녀네 형제는 네 형제였고 실제로는 다섯 형제였다. 네 형제 중 이복형제가 둘이었다. 그중 작은오빠는 함께 살았고 큰언니는 딱 두 번 만났다. 아버지 고향을 다니면서 귓등으

로 소녀는 짐작했다. 그 비밀을. 소녀는 알았고 소녀는 몰랐다. 소녀
는 말하지 않아야 한다는 걸 알았고 또 몰랐다. 스스로에게조차 고
백하지 않았으므로. 고백은 소녀에게 사치였다. 여고 2학년 때 가장
가까웠던 혈육이자 친구였던 작은오빠가 군대에 가서 죽었다.

무 / 호구조사를 넘어 호적조사를 해보자.
임 / 그건 누구에게나 끝없는 이야기일 뿐이죠.

무 / 그 집안은 6·25가 조용히 지나갔나?
임 / 그럴 리가요.

무 / 들어보자. 그 전쟁 이야기.
임 / 외할아버지가 순창경찰서장이셨고 큰외삼촌도 목포에서 경찰
관이었는데 인민재판으로 두 분이 돌아가셨어요. 당시 중학교 2학년
이던 엄마는 그 현장에서 도망 나왔다고 하고요. 이만 할래요.

무 / 전라도 목포 말인가?
임 / 그 목포 말고 또 목포가 있나요? 삼학도, 유달산 그 목포.

무 / 외갓집이 거기인가?
임 / 내가 초등학생, 중학생일 때도 혼자서 완행열차를 타고 목포
에 자주 오가곤 했는걸요.

무 / 이 소녀 혼자서! 대체 왜 그 먼 길을 오갔나?
임 / 외할머니가 남편과 아들이 죽어서 나오는 전쟁사망자 연금을

모아두었거든요. 지금 생각해보면 오죽했으면 날 내려 보냈을까 싶어요. 그 돈을 우리 엄마가 외할머니에게 빌려달라고 한 거죠. 은행 송금하던 때가 아니라서 통일호 타고 내려가서 주머니 안에 넣어가지고 오는 거예요. 입석 7시간을 꼬박 타고, 더러는 어른들이 애가 서서 가니까 앉혀주기도 했어요. 목포역에 도착하면 늘 캄캄한 밤이었어요. 당연하죠, 낮에 출발했으니까요. 무화과나무가 서 있던 죽교동 외갓집, 남편하고 큰아들 목숨 값을 받아 아끼고 안 쓰고, 다른 아들들 몰래 서울 사는 딸에게 주려고 감춰뒀다가 외손녀한테 무화과 하나 먹이고 아침에 기차로 올려 보냈잖아요. 할머니가 저고리 안쪽에 주머니를 해달고선 돈을 넣은 뒤 바느질로 아주 꿰매었어요. 잃어버리거나 빼앗길지 모르니깐. 84년에 할머니가 돌아가셨을 때 어머니가 "불쌍한 우리 엄마 돈 내가 다 갖다 썼는데, 갚지도 못했는데" 하고 우시는데, 나는 자꾸만 무화과 생각만 나는 거 있죠.

무 / 무화과가 꽃을 피우지 못하는 이유가 하나 더 생긴 거로군. 아버지도 동향이신가?

임 / 아버지가 목포고등학교 다닐 때 엄마 집에서 하숙을 했어요. 목포여고 다니던 하숙집 딸하고 연애를 한 거죠.

무 / 여기서 또 연애와 대학입시가 별로 관계없다는 게 입증되고 있군. 아버지가 서울법대를 들어가셨으니.

임 / 결혼도 안 했는데 엄마가 큰오빠를 낳았어요. 그걸 숨긴 채 한국은행 목포지점을 계속 다녔고, 서울 한국은행 본점으로 발령이 나서 큰오빠는 일곱 살 때까지 목포에서 외할머니가 키웠어요. 당시 한국은행 들어가기가 쉽지 않았다는 건 다들 아는 일일 테고요.

아버지 첫 직장이 「경향신문」 기자였는데 그 원서도 엄마가 넣었다고 하시더라고요. 우리 어머니는 생활력이 강하고 판단이 빠르고 정확했어요. 촉이 남달랐다고나 할까요. 한국은행 다닌 덕에 지금도 지폐 계수기보다 돈을 더 빨리 세세요(웃음).

무 ／ 이 집안은 다분히 신파적이다. 암튼 아버지가 태어난 곳은?

임 ／ 땅 끝 마을 해남. 찢어지게 가난한 집 아들이지만 천재 소리 들었다고 하더라고요. 대법원장 하신 윤관 아저씨하고 현산초등학교 동창인데 아빠가 훨씬 공부를 잘했다고 해요(웃음).

그러곤 목포로 나와 동광중학교에 들어갔어요. 고모부가 그 학교 선생님이라 공부 잘하는 조카를 장학생으로 데려간 거죠.

무 ／ 아버지 고향은 자주 갔나?

임 ／ 어렸을 때 기차를 타고 내려가서 영산포역에서 내려 버스타고 해남읍까지 간 뒤 다시 버스를 갈아타고, 비포장도로로 한참을 달리고 거기서부터는 논두렁 밭두렁 길 걸어 들어가면 겨우 나왔어요. 너무 멀었죠. 그런데 거기서 늘 이상한 게 있었어요. 작은오빠하고 내가 도착해서 놀고 있다 보면 이윽고 어떤 시골 아주머니가 나타났어요. 내게는 한 번도 아는 체를 안 했는데 작은오빠를 쓰다듬으면서 울고, 그러다가 조용히 사라졌어요.

무 ／ 듣는 사람이 짐작 가는 대로 짐작하는 게 맞는가?

임 ／ 난 참 이상한 아이였어요. 분명히 그 상황이 이상한데도 아무에게도 말을 하지 않았어요. 부모님은 물론 함께 놀고 있는 작은오빠에게조차도. 이런 내가 고백을 잘할 수 있겠어요? 응? 내게 고백은 무엇일까요? 나는 소녀였을 적에 고백이 없었어요. 고백이라는 그걸 믿을 수가 없었어요. 스스로에게조차 비밀이어야 했으니까요.

무 / 비밀의 아들이 바로 비밀 아닌가.

임 / 언젠가 사진 한 장을 본 거 있죠. 결혼식 사진이었는데 거기 너무 익숙하게 잘 아는 사람이 있는 거야. 언니는 그동안 왜 말을 안 했느냐고 추궁한 적도 있어요. 내가 얼마나 충격이었는지를 언니는 모르는 거죠. 모든 게 알려질 때까지 난 말을 한 적이 없거든요. 아빠 결혼식 사진에 관한 나의 고백. 근데 말이에요. 안기부에 끌려갔을 때 그 사람들은 다 알고 있더라고요. 우리 형제들보다 안기부가 우리 집안을 더 빠꼼히 알고 있었다는 거죠. 섬세한 감정 선을 몰라서 그렇지.

무 / 가족사의 비밀까지 다 들여다보는! 고백도 자백도 필요 없게 만드는 실력을 원하는 게 아닌데.

임 / 아버지는 엄마와 큰오빠를 낳고 살다가 해남에서 할머니가 장가가라 하니까 다시 간 거였어요. 이런건 우리 올케언니나 형부는 전혀 모르지 않을까 싶은데요. 사실 그 뒤로도 나는 작은오빠하고 배다른 형제라는 걸 생각해본 적이 없었고 믿지도 않았어요. 우리 언니는 작은오빠가 사고로 죽을 때까지 그걸 몰랐어, 정말!

무 / 작은오빠네 어머니는 어찌 사셨을지?

임 / 자세히는 모르지만 광주에서 당구장을 하면서 혼자 딸을 키우셨다고 하더라고요.

무 / 그 딸도 그러니까 아버지하고 사이에 얻은 딸이겠고.

임 / 물론이죠. 작은오빠는 아들이라 아빠에게 남았고 그 언니가 전남대 약대를 나와서 전남대 의대 나온 의사랑 결혼했다고 하는데 그저 말만 들었지 본적은 없어요. 약사시험 보러 서울에 올라왔을 때 아빠 따라 마포 가든호텔에서 한번 본 적 있는데 얼굴이 예뻤던 기억, 그리고 작은오빠 사고 났을 때 보고 그게 마지막이었어요. 그냥 한없이 어색하고 언니라고 한 번도 불러본 적도 없는 큰언니.

무 / 불편하겠지만 족보 정리가 필요한 상황이다. 형제들 나이가 어떻게 되는가?

임 / 아빠하고 엄마가 일찍 얻은 큰오빠 61년생, 광주 분과 사이에서 생긴 작은오빠 62년생, 그쪽 큰언니가 63년생, 연년생들. 그리고 다시 우리 언니 66년생, 나는 68년생.

무 / 이걸 문자화해도 될까?

임 / 아빠 법대 친구들한테는 자존심 상하겠죠. 엄마도 그렇고요. 두 분 다 80이 넘으셨어도 자존심은 살아 있으니까요. 고향에는 알 만큼 알려졌지만 서울에서는 모르는 분들 많으실 거예요. 정말이지 고백은 비밀 없이는 안 되는 거구나 싶네요, 참.

무 / 잠시 쉬는 게 어떨까.

임 / 그냥 할게요. 다시 말하고 싶지도 않고요. 지금도 화가 나는 게, 아들까지 낳은 여자가 있는데 다른 사람과 결혼을 할 수 있었을까? 그렇게 결혼해서 또다시 아들 딸 낳았으면 그냥 살았어야 하지 않을까? 도저히 시골 여자하고는 살 수가 없었던 것일까?

내내 아버지를 용서할 수도 이해할 수도 없었어요. 하여튼 전 부인과 이혼하고 엄마와 다시 혼사를 치렀어요.

무 / 설마 듣는 사람이 더 힘든 건 아니겠지?

임 / 배부른 소리 말아요. 엄마가 아빠랑 정식으로 혼인을 하고, 처음에는 아이들을 다 데리고 왔대요. 어쨌든 이제 막 신접살림을 차린 데다 자기도 만삭인데 6살, 5살, 4살짜리 애들이 갑자기 줄줄이 생긴 거죠. 엄마 처지를 생각해봐요. 애들은 또 어땠을까요? 5살, 4살짜리는 엄마 보고 싶다고 말도 못하고 징징 울기만 했을 테고 결국 딸은 친엄마한테 보냈어요. 서울 엄마나 광주 엄마나 다들 대단한 분들 아닌가요? 고백은 그분들에게나 어울리지 않을까요? 그분들에 비하면 저 따위는 그저 구경꾼이었을 뿐인데요.

무 / 비밀은 구경꾼도 힘들다는 걸 깨닫게 하고 있지 않나, 지금.

임 / 작은오빠가 연세대학교를 다녔어요. 오빠 대학동기들은 엄마가 혹시라도 차별하지 않았는지 삐딱하게 묻곤 하던데 우리 언니가 이 내용을 끝까지 몰랐다는 건 차별이 없었다는 반증이죠. 나도 그 비밀을 끝까지 숨기고자 했던 건 우리 집안에 흐르고 있던 어떤 불문율 때문이기도 했지만 그게 드러났을 때 닥쳐올 난감함, 그중에는 차별 같은 것도 포함되어 있었을 것이라고 생각해요.

무 / 삶은 누구나에게 저울로 달 수 없는 무게를 갖는 법인데 그게 비밀의 무게 때문이란 걸 적어도 지금은 부인할 수 없을 것 같다.

임 / 이것도 고백인데 나는 성장하는 동안 내내 아버지를 불신했어요. 깊이! 송구스러울 정도로 함부로요. 대학 1학년 때인데 광주 큰언니가 결혼한다고 아버지가 거길 참석하시겠다고 하는 거예요. 지금 생각해보면 딸 혼사에 가는 걸 누가, 어떻게 말리겠어요? 그런데 결혼식장 부모 자리에 누구와 나란히 앉을 거냐고 항의했어요. 그러면 여기 있는 우리 엄마는 뭐가 되냐고요.

무 / 이럴 때 딸자식한테 할 수 있는 현명한 대답이나 변명은 아직 언어로 개발되지 못한 게 정당한 거네.

임 / 나는 그 불신으로 아빠를 믿어요. 가령 당연히 큰언니 대학 다닐 때 등록금 같은 걸 대주셨겠죠. 그게 마땅하죠. 그런 분이란 걸 믿어요. 바로 그게 불신이고요. 믿음과 불신, 둘 사이가 이토록 가깝다는 걸 알았어요. 엄마는 시댁인 해남을 아예 내려가지 않았어요. 시어머니라고 좋았겠어요? 해남 작은집에서는 서울 큰어머니, 광주 큰어머니라고들 부르더라고요. 그 어떤 모욕과 불신이, 그 행간 사이를 늘 긴장으로 흘러가곤 하죠.

무 / 아직까지 어머니는 시댁을 안 가보신 건가?

임 / 가긴 가셨죠. 어떻게 안 가겠어요. 할머니 장례 때도 그렇고 몇 번은 갔죠. 작년 시제에는 제가 일부러 모시고 갔어요.

무 / 삶이란!

임 / 어렸을 적에 해남 내려가면 다들 잘해주셨어요. 늘 서울에서 애기손님 왔다고 콩가루에 밥 비벼주고 누룽지도 튀겨주고요. 그러다가 앨범을 보고 이게 아빤데, 아빠 결혼식 사진인데 왜 옆에 우리 엄마가 아니고 다른 사람이지? 했던 거고요. 그 사진 한 장의 비밀을 아무에게도 말할 수 없었어요. 나는 지금도 궁금해요. 작은오빠

진명여고 2학년 때, 광화문 교보문고 앞에서

의 가슴이, 자기 엄마를 만나고 알았을 텐데 나보다 나이도 많고 해서 다 알았을 텐데, 묻고 싶어요. 그걸 내게 한번 고백하지 못하고 떠나버렸냐고요. 엄마라고, 친엄마라고 내게 말해주지 못한 그 작은 오빠의 가슴에는 무엇이 살고 있었을까요.

무 / 그걸 알 듯한데도 묻지 않은 누이를 오빠가 더 아꼈을 듯도 하네.

임 / 사실 이복이란 건 나에게 전혀 중요하지 않았던 것 같아요. 지금 나하고 함께 살고 있는 오빠, 내 오빠니까요.

무 / 배다른 오빠도 배다른 누이도 고백의 무서움에 갇혀 있었던 것일까. 고백하기 전까지 우리 안에 배다른 누군가가 살고 있는지도 모르겠다는 생각이 드네, 자꾸.

임 / 근데 내가 고등학교 2학년 때… 그 오빠가 죽었어요.

이별에 대하여

긴 대거리를 하는 도중 임수경의 얼굴이 밤처럼 어두워졌다.
"오빠가 죽었어요!"
말과 말 사이에 문득 장막이 드리워지는 느낌이었다. 임수경이, 말이 멀었다. 아니, 너무 가까웠다. 한 청년의 죽음이 말과 말 사이에서 살아났다. 오빠가 죽었다는 소식을 처음 전화로 들은 것도 그였다. 군부대가 있는 철원으로 달려갔을 때 거기 작은오빠네 엄마, 그러니까 생모와 여동생, 그러니까 큰언니가 와 있었다. 세 여인은 울었다. 아들이 죽고, 오빠가 죽었다. 그밖에는 아무것도 없었다. 죽음은 고요했다. 한 죽음이 당도할 때 언제나 확인할 수 있는 건 나머지 것들은 멀쩡히 다 살아 있다는 것을 생생히 목도하는 무심한 생명력이다. 그날도 그랬다. 1984년도 11월, 그 저녁도.

80년대에 청춘을 보낸 사람들은 안다. 한 대학생이 군에 가서 죽었다는 말을 들을 때의 느낌을. 오빠가 죽었다는 말의 느낌. 그 말은 밖에서 들려오지만 결코 타자화하지 않은 채 내부를 파열시킨다. 고막을 타고 들어온 죽음의 소식은 액체화해서 몸을 타고 흐른다. 하루라도 데모를 해보고 군대에 갔다면 더 말할 것도 없다. 죽음은 죽음 자체를 굴복하지 못한 채 거대한 의혹을 잉태한다.

이럴 때는 듣는 일밖에 할 게 없다. 듣는 일도 죄이고 듣는 일만이 유일하게 기도일 때가 있다. 죽음이 죽지 못할 때가 그때다.

11월 깜깜한 저녁참에 집에 혼자 있는데 전화가 왔어요. 임용준이네 집이냐고. 느낌이 이상해서 자꾸 물었죠. 왜요? 왜요? 오빠는 군대에 있는데 왜요? 왜요? 알 수 없어요. 난 그때 이미 알았으니까요. 작은오빠가 잘못되었구나. 곧 두 번째 전화가 오고, 아까는 다쳤다던 오빠가 이제 죽었다는 거예요. 엄마, 큰오빠, 아빠 순번으로 식구들이 들어오고, 동네 고등학교 선생님, 성당 분들도 찾아왔죠. 그때 아버지는 서울지하철공사에 다닐 때라서 군인 출신 박 과장 아저씨와 동행해서 철원으로 갔어요. 나는 고등학생이라고 안 데려가길래

이튿날 혼자라도 가겠다니까 둘째 고모가 같이 가자고 나섰어요. 마장동에서 시외버스를 타고 철원을 갔어요.

오빠는 군대 천막에 누워 있었어요. 죽은 사람을 태어나서 처음 본 거죠. 다 멀쩡한데 낯빛이 차가웠어요. 손을 잡았다가 너무 차가워서 얼른 놓치고, 성당 신부님이 서서 기도를 하고, 그런 게 기억나요. 의정부에 할아버지 묘소가 있었는데 거기다 매장한다고 군용 트럭에 싣고 까만 띠를 둘러서 부대를 나왔어요. 군에서는 자살이라고 하는데 어른들은 검안서를 살펴보니 아니라고들 했어요. 누군가 계란으로 바위치기라고, 문제 삼지 말고 조용히 시신 가지고 나와서 장례를 치르자고 했어요.

그때 깨달았어요. 서울법대를 나온 아버지의 무력함 뿐 아니라 청년의 죽음마저도 한 치의 진실에 접근조차 하지 못하는 세상을요. 울어도 우는 게 아니었고 그 낙담스러운 상황이 도리어 너무도 기이했죠. 철원 시골길 비포장도로에서 삽질을 하던 군인들이 멈춰 서서 까만 리본 달린 군용 트럭을 멀뚱히 바라보고 있던 광경을 죽을 때까지 잊지 못할 거예요. 그게 남의 일처럼 보였겠느냐고. 1천9백8십4년인데요. 84년 말이지, 84년이었다고요. 이런 걸 겪은 사람은 세상을 아예 잊든지, 아니면 세상에서 무언가 하게 되지 않을까요? 그게 정상 아닐까요?

할아버지 묘소에 함께 성묘 다니던 땅 밑으로 작은오빠가 들어갔어요. 우리 엄마랑 언니가 밥하고 국을 해서 기다리고 있었어요. 작은오빠네 이모들도 와 있었고요. 데모하고 다니다가 경찰에 잡혀가서 군대를 간 건데 입대하기 전 몇 달은 이모네 집에서 살았거든요.

근데 있잖아요. 작은오빠 사망시각이 17시 50분이라는 걸 나중에 알게 되었어요. 그 시간에 내가 뭐 하고 있었는지 아세요? 신촌에 있는 목마레코드에서 음반을 고르고 있었어요. 방송반에서 학교 애들 음악 들려준다고요. 그런 나 자신을 오래도록 못 견디겠더라고요. 너무 미안한 거야. 오빠가 죽어가던 그 시간에 어쩌면 그렇게 아무것도 모른 채 음반을 고르고 있었을까. 오빠는 죽어가고 있는데.

그때 사온 음반이 마말레이드(Marmalade)의 「Reflections of my life」인데요. 대체 이 노래는 무얼 반사시킬까요?

어느 날이었어요. 아빠가 영영 우시는 거야. 말 그대로 그냥 영영 큰소리로, 방에서 옆으로 누운 채로요. 그날 처음으로 아빠와 화해를 시작했어요. 아빠가 소년 같았고 너무 짠한 그 모습에서 나약하기 그지없는 사내를 본 거죠. 아들을 잃은 아버지와 겨우 화해를 시작한 난 누구일까. 아버지가 33년생이니깐 그 무렵 불과 50살 정도인데 회한이 오죽했을까. 더구나 작은오빠가 진심으로 부탁했거든요. "아버지, 군대는 갈 테니 후방으로 빼주세요. 전방 가면 저 죽을지도 몰라요. 그 정도는 아버지가 해주실 수 있잖아요."

아버지에게 그럴 능력이 전혀 없지는 않았겠지만 당신은 그런 사람이 못 되었어요. 어쩌겠어요. 작은오빠는 무슨 예감처럼 그렇게 말했고 영영 돌아오지 못했어요. 저는 아버지가 우는 걸 딱 한 번 보았고 꼭 그렇게 한 번 더 울었다는 말을 전해 들었어요. 저 때문이었죠. 평양에 다녀온 저 때문에요.

임용준. 작은오빠는 뭐랄까, 귀엽다고 해야 할 거예요. 늘 유머 감각이 있었고 농담을 잘했어요. 어렸을 적에는 제가 오빠들 은행이고 식당이었어요. 천 원, 이천 원 씩 모아서 갖고 있다가 만 원이 채워지면 빌려준 뒤 만천 원을 받고, 밤에 라면 끓여주고 500원, 사과주스 만들어주고 200원 받고 해서 모았던 건데 주 고객이 작은오빠였어요. 통행금지 있을 때니깐 자정 넘어서 담 넘어 들어올 때 몰래 현관

문도 열어주고, 오빠 친구들도 늘 같이 붙어다녔어요.

그 친구들이 지금 영화감독도 하고 기자도 하고 그러는데 어쩌다 만나면 그때 기억을 해요. 발 냄새 펄펄 나는 머슴애들에게 새벽에 라면을 끓여주던 천사 같은 여동생이라고요.

어렸을 때 겨울방학에 아빠가 영화 보고 짜장면 사먹고 오라고 보낸 적이 있어요. 큰오빠랑 언니는 영화 보고 맛있는 것도 먹고 택시 타고 들어오더라고요. 부러웠죠. 거기는 강아지 나오는 영화 「벤지」를 보았대요. 나도 「벤지」를 보고 싶었는데 작은오빠가 「용사왕」을 보자고 하는 거예요. 그래서 작은오빠 따라서 「용사왕」을 보러 갔다가 극장 앞에서 쓰리(소매치기)를 맞았어요. 그나마 내 주머니에 몇 푼이 있어서 작은오빠랑 같이 가락국수 한 그릇을 호호 불며 둘이 나눠먹고, 차비는 없어서 종로 단성사에서부터 걸어서 평창동까지 왔어요. 어제 같네요.

작은오빠와 인연 중에서 뺄 수 없는 게 대학입시 아닐까 싶어요. 그해는 복수지원이 가능할 때라서 오빠가 연대, 고대, 서강대, 세 군데 원서를 넣었거든요. 면접 간다고 일찍 나갔는데 1시간쯤 뒤에 집으로 전화가 걸려왔어요.

"수경아, 522번 탈까, 8번 탈까?"

522번 타면 서강대를 가고 8번은 연세대를 가는 건데, 고대는 길 건너편에서 154-1번을 타야 하니 그건 이미 대상에서 뺀 거죠. 내가 말했어요. 왜 아직까지 추운데 거기 그러고 있냐고. 그리곤 아무런 주저함도 없이 대답해줬어요.

"먼저 오는 거 타."

8번 버스가 먼저 왔대요. 사회심리계열 지원이었는데 마침 미달이 되어서 그냥 합격을 했어요. 정작 서강대는 경쟁이 심해서 면접을 갔다면 떨어질 가능성이 높았고요. 그게 뭘까요? 추위에 떨고 있는 작은오빠가 안타까워서 문득 해버린 말일 뿐인데, 먼저 오는 거 타. 아마도 작은오빠는 인생에서 딱 한 번 그렇게 먼저 오는 차를 탔을지도 몰라요. 그냥 주어진 대로 운명의 차량에 탑승하는 것 말이에요. 그렇게 살았다면 작은오빠는 죽지 않았겠죠.

어느 누구 하나가 홀로 일어나

작은오빠는 LP와 카세트테이프 시대 사이에 청춘을 보낸 사람이었어요. 카세트레코더가 막 나와서 들을 때였거든요. 작은오빠도 연세대 방송반 YBS 기자였어요. 신문사, 교지편집실과 더불어서 대학언론 3사라고 불렀잖아요. 진짜 언론이 죽어 있던 때라서 대학언론이 세상 진실을 다 말하기라도 할 것처럼 진지하고 비중이 높았던 때, 운동권 학생들이 많이 들어갔고요.

어느 날은 작은 오빠가 김민기 노래를 카세트 테이프에 녹음해서 가사까지 손으로 적어서 건네주며 말했어요. "이건 조심히 들어라."

'어느 누구 하나가 홀로 일어나 아니라고 말할 사람 누가 있겠소.' 이 대목에 오빠가 밑줄을 쳐놓았어요. 어느 누구, 하나, 홀로, 아니라고, 이런 단어들이 귀에 꽂히더라고요. 김민기의 「아침이슬」 LP판이 3만 원에 거래될 때 이야기죠. 나중에 평양에서 환송모임 때 대학생들 앞에서 김민기의 「잘 가오」 노래를 불러줬어요.

안기부 조사받을 때 그 사람들이 작은오빠를 나와 엮어 넣으려고 몇 번이나 애썼는데 내가 정말 작은 오빠의 영향을 받은 것일까요? 모르겠어요. 식구들 중에서는 제일 마음이 통한 게 작은오빠였어요. 서로 비밀이 많았고요. 비밀이 뭐냐고요? 그때야 다 비밀이죠. 내가 세뱃돈 받은 거 오빠가 집에서 반항하고 뛰쳐나갈 때 만 원쯤 주고

했던 거, 여학생 친구 집에 대신 전화 걸어주는 거, '응팔(드라마 응답하라 1988)'하고 똑같아요.

오빠 1학년 때 지도교수님이 운동권이라고 부모님을 모셔오라고 했대요. 지도교수가 송복 교수였는데 그땐 교수님들이 그런 일도 했어요. 3학년 때 군대 가서 그렇게 된 건데 대략 1학년 말부터 2학년까지는 집에도 안 들어오고 이모한테 가서 살기도 하고 가끔 집에 오니까 뭐 하고 다니는지 잘 몰랐죠. 엄마가 학교로 찾아가니 작은오빠가 현수막을 덮고 책상 위에서 잠자고 있더라는 거예요. 엄마가 왔다고 하니 그제야 부스스 일어나 맨발에 고무신 꿰신고 나와서는 엄마, 배고파요 그랬다던가? 그 말을 듣고 내가 양말이랑 목도리랑 오빠 좋아하는 과자랑 챙겨서 학교에 갖다준 적도 있어요.

작은오빠를 다시 만난 건 2003년이에요. 의문사진상규명위원회에서 부검한다고 19년 만에 무덤을 열었거든요. 옷만 그대로 있어요, 군복만. 하나도 썩지 않고 군복은 짱짱했어요. 청춘도, 목숨도 사라졌는데 군복만 멀쩡히 남아 있더라고요. 그 곱던 얼굴도 사라지고, 죽음마저, 죽음의 진실마저 사라졌는데 어쩌면 군복만 어제 입은 옷인 양 삭지 않고 있더라고요. 의문사진상규명위원회 제1호로 신청했는데 결국 '조사 불능' 처리되었어요. 그날, 군복만 썩지 않은 작은오빠 무덤 앞에서 나는 작은오빠를 살려내지는 못하지만 어떻게 해서든 작은오빠의 죽음만큼은 알아내야겠다고 맹세를 했거든요. 세상에 대고 떠들어봤지만 오빠는 죽음조차 온전한 형태로 아직까지 돌아오지 못했어요.

작은오빠는 일병을 달고 얼마 지나지 않아서 죽었어요. 중간에 외출도 나왔다고 해요. 집에는 안 왔고 연락도 없었어요. 외출 내보낸 거였죠. 학교 같은 데로 보내서 친구들이, 다른 학생들이 지금 무얼 하고 있나 알아오라고 시킨 거죠. 그런 일 겪은 사람들을 하도 많이 만나봐서 그냥 그랬을 거라고 생각해요.

안 그러면 왜 집에도 연락이 없었겠어요. 그렇게 예뻐하던 여동생 수경이 생일이 며칠 뒤인 11월 6일인데, 전화라도 한 통 했을 텐데 연락할 수가 없었던 거죠. 강제 외출을 받아서 시킨 일을 차마 하지 못하고, 말도 못하고 부대로 돌아가서 작은오빠는 어떤 일을 당했던 것일까요. 제발 누가 말 좀 해줬으면 좋겠어요. 누가 말 좀 해줬으면, 이제라도 누가 말 좀 해줬으면 좋겠어요. 아무에게도 잘못했다고 안 할 테니 말 좀 해줬으면….

근데요, 우리 작은오빠가 언제 마지막으로 엄마를 찾아온 줄 알아요? 11월 2일이 오빠 기일이거든요. 엄마 꿈에 작은오빠가 나타나서 맨발로 다니니까 너무 춥다고 양말 좀 신겨달라고 했다는 거예요. 그 이야기를 들으면서 우리 모녀가 한 일이 뭐겠어요. 울었죠. 우는 거죠. 우는 일 말고 아무것도 할 수 없을 때 인간은 가장 슬픈 것 같아요. 하염없이 울다가 엄마에게도 말하지 않고 혼자 집을 나와서 의정부로 갔어요. 강원도 철원군 서면 신수리 3사단 포병 임용준. 벌써 몇 년인데 30년도 더 지난 그 주소가 한 번도 잊힌 적이 없어요. 그날도 그 주소를 주문인 양 외면서 철원 말고 의정부로 무덤자리에 갔어요. 작은오빠 무덤자리에 가서 양말을 태워주었죠.

'오빠, 양말 신어. 여기 양말 있어. 오빠, 발 시려? 거기 춥지? 바보야, 거기 춥지. 땅 밑인데 오죽하겠어. 하필 겨울 초입에 죽어가지고. 먼저 오는 버스 그냥 타랬지. 연기 양말 신으니까 좋아? 이 바보.'

오빠를 잃은 누이가 할 수 있는 일이 뭐겠어요. 눈물? 슬픔? 언어란 때로는 하찮은 거예요. 말이란 의미를 나타낼 수는 있지만 그 걸 다 나타낼 수 있는 게 결코 아니란 걸 알 때가 있어요. 저도 알아요. 저 또한 먼저 오는 버스 그냥 타지 못하고 살아왔다는 걸요. 지금도 이따금 오빠한테 편지를 써요. 입 속으로. '보고 싶은 작은오빠에게…' 그러곤 더 쓰지 못해요. 오빠를, 작은오빠를 잃어본 누이들이라면 알 수 있을 거예요. 더 쓸 수 없다는 걸요. 보고 싶다는 말이 이토록 아득한 말이란 걸요.

그리고 가장 먼 이별에 대하여

그리고 세부에 도착했다. 아들을 만나러. 죽은 아들을 만나러. 2005년 여름 아들이 죽었다. 새벽 5시에 일어나서 억지로 아침밥을 먹이고 필리핀행 비행기에 태워 보낸 아들은 거기서 물놀이를 하다 엎드린 채 세상을 떠났다. 재형이 엄마 임수경은 박사논문을 쓰고 있던 참이었고 친구들이 필리핀으로 아이들을 보내는 편에 아들을 딸려 보냈다. 적도가 지나는 그곳에 도착한 지 겨우 하루 만이었다. KTV에서 하던 「통일로 미래로」 방송 녹화를 마치고 집으로 돌아오는데, 만날 운전하고 다니다가 그날따라 머리가 무거워서 지하철을 탔다. 몸이 욱신쩌렸지만 이상하게도 자리에 앉기가 싫었다.

날은 무더웠고 까닭 없이 두통이 밀려왔다. 그는 논문을 쓰던 구기동 오피스텔로 향하지 않았고 평창동 부모님 댁으로 발걸음이 옮겨졌다. 그 집 대문 앞에서 전화를 받았다. 그에게 가깝던 사람들의 죽음은 늘 전화로 닥쳐왔다. 그뿐이었다. 그래서 전화벨이 울리면, 지금도 가슴이 철렁 내려앉는다. 전화기 너머 그의 목소리가 늘상 건조한 건 그 때문이다.

그는 울지 않았다. 멀쩡했다. 필리핀으로 가는 동안에도, 현지에서 아들을 품에 안았을 때도 침착했다. 대사관에서 파견된 외사과 영사는 동행한 다른 사람에게 말했다. 저 엄마, 이상하다고. 서울 가면 병원에 꼭 데려가라고. 엄마가 저렇게 침착할 수는 없다고. 그때 알았다. 정말 슬플 땐 눈물이 나지 않는다고. 울 수 있는 슬픔은 정말 슬픈 게 아니라고.

현실은 그에게서 완전히 이탈해 있었고 근육이 알아서 움직였을 따름 그는 무얼 하는지를 알지 못했다. 뜨겁게 빈 허공 속을 헤치고 있었다. 시작 지점과 끝 지점을 알 수 없었다.

낯선 필리핀 사람들이 죽은 아이 얼굴에 분을 정성스레 바르고 머리를 빗겨주었다. 지상에서의 마지막 단장이었다. 세부 한인성당 신부님이 죽은 아이에게 세례를 주었다. 마르코. 저승길에 아들은 이름 하나를 더 얻었다.

입관을 하고 한국으로 데려오는 컨테이너에 옮겨 싣는 동안 기도할 때 소낙비가 퍼부었다. 5분이었을 게다. 10분이었을 게다. 30분이었을 게다. 장대비가 쏟아졌다. 비행기 화물칸에 타고 여행을 하고 싶다던 아홉 살 아들은 결국 화물칸을 타고 바다를 건넜다.

서울에 와서 아이는 강북삼성병원 장례식장에서 가족들과, 친구들과, 친구 엄마들과, 엄마 친구들과 이별을 했다. 그 병원 이름이 고려병원이었을 적에, 병원 생기고 처음 태어난 아이가 임수경이었다. 엄마는 거기서 태어났고 아들은 거기서 하직을 고했다. 한 혈육 사이의 탄생과 죽음이 한 곳에서 교차했다. 임수경이 흠모해 마지않았던 시인 김남주가 죽은 그 병원이었다.

화장을 하고 아들을 구룡포 앞, 거기 석병리에서 14km 먼 바다로 나와 뿌려주었다. 「바다에서 살아남기」. 유품으로 돌아온 아들의 가방에 들어 있던 책이었다. 파도가 엄마 엄마 부르는지, 파도가 재형아 재형아 부르는지는 나중에야 알게 되었다.

그 길로 해인사에 들어갔다. 비구니도 아니었고 수녀도 아니었다.

아들 생각이 날 때였을까. 부지중에 걸핏하면 가야산 꼭대기까지 그저 올라갔다. 숨이 차도록. 가야산 정상 1,433m. 그 무렵 까닭 없이 전화번호를 바꾸었다. 뒷자리 번호는 1433이었다. 번호를 바꾸었을 즈음 세상 사람들이 아들의 죽음을 희롱하고 있다는 이야기를 들었다. 익명의 그늘 뒤에 숨은 채 정체 모를 증오가 그를 휘감고 있었다. 그 아들은 인터넷 공간을 떠돌면서 다시 타살되고 있었다. 그가 산중에서 1433을 염불인 양 외고 있는 동안 아들은 두 번째 죽음을 맞고 있었다. 아들 잃은 참척의 이별마저도 그에게는 온전하지 못했다. 세상은 단 한 번도 그를 가만히 내버려두지 않았다. 씨앗 없이 자라는 풀인 양 사람들 사이에 돋아난 증오가 무성했다.

임 / 그때부터였을 거예요. 유독 저만 그런 건 아니었어요. 재형이 죽음이 시작이지 않았나 싶어요.

이데올로기인지 진영논리인지 모르지만 증오가 모종의 정당성을 갖고 세상을 쓸어가기 시작했어요. 증오란 건 사실과는 관계없다고, 미워하려고 드니 모든 게 미워해야 할 요소이자 대상일 뿐인 거야. 끔찍했죠. 온몸에 가시가 박혀서 빠지질 않는 듯한 기분 알아요?

무 / 그 싹은 대체 무엇일까? 분단과 전쟁, 무심히 형제를 죽였던 기억이 우리 내부의 씨앗 아닐까? 죽일 이유가 없이 죽일 이유를 찾아야 했던 기억.

임 / 아직까지 한 번도 내 몸에 박혀 있는 가시가 빠져나갔다는 생각이 든 적이 없어요. 단 한 번도, 한시도. 생각해봐요. 우리 외할아버지와 큰외삼촌은 죽을 만큼 죄를 졌던 것일까요? 증오의 힘이 아니면 납득하기가 어려워요. 다른 걸로는 설명이 안 되죠. 군대 가서 죽은 우리 작은오빠의 죽음은, 아무리 찾아봐도 데모 좀 했다는 것 말고는 모르겠어요. 고작 아홉 살이던 내 아이의 죽음은 또 왜 미움을 받아야 했을까요? 대체 무엇이 그걸 가능하게 하는지, 죽음에마저 박혀 있는 가시들을 어떻게 하면 좋을지, 89년 이후 숱한 사람들에게 관심을 받고 사랑도 받았지만 고백하건대 그건 증오에 비길 바가 못 되더라고요. 사랑은 세상을 춤추게 하지만 미움은 아무리 먹어도 배가 부르지 않아요. 말을 하는 동안에도 가시에 자꾸 찔려요.

무 / 가시를 뽑아낼 때는 반드시 손가락 끝이 다시 한 번 가시에 찔려야만 하거늘.

임 / 맞아요. 난 그 모든 증오를 용서하고 있어요. 날마다 아침저녁으로, 용서할 수 없는 것으로 용서하고 살아가요. 죽음에 박힌 가시를 뽑아낼 수 있는 길은 그것뿐이니까요. 다 뽑아내지는 못하더라도. 이 말도 꼭 하고 싶어요. 화해와 용서의 기도마저도 가시에 찔리는 일이라는 걸요. 아프지 않은 기도는 기도가 아니더라고요.

무 / 기도마저도!

임 / 내가 너무 많은 말을 하고 있죠? 그죠?

무 / 한마디밖에 하질 않았는데…. 아프다고!

임 / 들어주어서 고마워요.

제1부

한 번도 가지 않은 길

지승호(이하 지) / 안녕하세요. 반갑습니다. 전문 인터뷰어 지승호입니다(웃음).

임수경(이하 임) / 예, 반갑습니다. 임수경입니다(웃음).

지 / 우선 젊은 독자를 위해 간단히 소개하겠습니다. 임수경 씨는 1989년 평양에서 열린 제13차 세계청년학생축전(이하 평양축전)에 당시 대학생 조직인 전대협 대표로 참가했습니다. 축전이 막을 내린 뒤에는 30개국의 평화운동가들과 함께 백두산에서 판문점까지 '코리아의 평화와 통일을 위한 국제평화대행진'에 참여하고, 판문점을 통해 귀국하려 했으나 불발되자 판문점 북측 지역 통일각에서 단식농성을 합니다. 이후 광복절인 8월 15일에 분단 이후 민간인 최초로 판문점을 통해 걸어서 북에서 남으로 귀환합니다.

귀환 직후 국가안전기획부(안기부, 지금의 국가정보원)에 구속되어 1심에서 국가보안법 위반 혐의로 징역 15년, 자격정지 15년을 구형받았고, 대법원에서 징역 5년에 자격정지 5년이 선고, 확정되었습니다. 수감 3년 4개월 9일 만인 1992년 성탄절에 특별 가석방되고 1999년에 대통령 특별 사면 복권되었습니다.

석방된 직후 대학에 복학하여 1993년 8월, 8년 만에 대학을 졸업하고 신문방송학과 석·박사과정 및 미국과 유럽에서 유학을 하는 등 꾸준히 공부를 했고 평화, 인권, 민주주의를 위한 여러 활동을 펼쳤지요. 2012년 4월에는 제19대 국회의원 총선거에서 민주통합당(현 더불어민주당) 비례대표로 국회의원이 되었습니다.

그럼 본격적인 인터뷰로 들어가겠습니다.

학생운동에 꼭 이념만 필요한가요?

지 / 1980년대는 대한민국이 정치적으로나 사회적으로나 격동의 시기이자 진통의 시기였습니다. 학생운동도 활발하게 전개되었고요. 임수경 씨가 운동권에 뛰어든 계기가 궁금합니다. 어느 글에선가 박종철 고문치사 사건을 접하면서 마음을 굳혔다고 하셨는데요.

임 / 1987년 6월 항쟁 때였어요. 당시는 민주화 운동이 들불처럼 일어나던 시기라 자연스럽게 합류했죠. 총학생회에는 장학금을 받으려고 들어갔어요.(웃음) 선배가 총학생회에서 일하면 장학금을 준다고 하더라고요. 제가 꼼꼼하고 글도 잘 쓰고 글씨도 잘 쓰니까 그때는 손글씨로 대자보 붙이고 현수막 만드는 게 일이었거든요. 대학교 2학년 때 '외대문학상' 소설부문에 공모해서 당선되었어요. "우리 학교에 이런 친구가 있었나." 이런 이야기가 들려왔던 기억이 나네요.

지 / 운동권에 새로운 스타가 탄생한 건가요(웃음)?

임 / 그냥 새로운 친구가 있네, 정도의 반응이었어요. 소설의 내용이 학생운동을 다루고 있었거든요. 소설을 쓰는 건 제 오랜 꿈이에요. 당장 실행에 옮기기에는 여건이 허락하지 않지만 소중한 꿈으로 간직하고 있죠.

지 / 당시 소설을 쓰면서 자신에게 재능이 있다는 걸 느꼈나요?

임 / 일기 쓰고 시 쓰고 편지 쓰고, 그런 걸 참 좋아했죠. 최근에 우연히 옛날 일기장을 발견했는데 손발이 오글거리더라고요. 철학적 성찰의 수준이 지금보다 훨씬 높다는 생각도 들었고요(웃음).

지 / 형제가 대학생과 시위를 막는 전경으로 만나는 내용이었죠?

임 / 기억이 가물가물한데, 형이 학생운동을 했고 동생이 전경이었나? 시위하다가 둘이 만나서 갈등하고 그런 내용이었죠, 아마.

지 / 89년의 방북이 아니었으면 지금 작가의 길을 걷고 있을지도 모른다고 하셨어요.

임 / 지금도 머릿속으로는 계속 뭔가를 쓰고 있어요.

지 / 나중에 작가가 되고 싶다는 얘기도 하셨죠.

임 / 평생 꿈으로만 남겨놓으려고요. 그런 꿈마저 없으면 현실이 너무 허전하니까요.

지 / 학생운동을 하면서 특별하게 기억에 남는 게 있나요?

임 / 87년 6월 항쟁 때 뒷골목 이리저리 뛰어다닌 거하고, 88년에 통일운동 열심히 한 거죠. 그 이전의 학생운동은 주로 교내에서 했어요. 80년대 초에는 '학우여!' 한마디만 해도 잡혀갈 정도였으니까요. 심지어 대학 캠퍼스 안에 경찰이 상주했잖아요.

그러다가 87년 6월 항쟁이 분기점이 되었죠. 이한열 열사가 86학번인데 저랑 동년배인 그분이 최루탄에 맞아 죽어가는 걸 보면서 불의에 대한 저항정신이랄까 눈물로 민주주의를 다짐했죠. 당시 100만 명이 넘는 시민들이 이한열 열사 장례식에 모였잖아요. 지금도 잊혀지지 않아요. 거대한 시민행렬이었어요.

지 / 그때 대학생 조직이 전국대학생대표자협의회(이하 전대협)이죠.

임 / 그 전에는 몇몇 학교 학생들끼리 모였을 뿐 전국적 학생운동 조직이 없었죠. 87년에 전대협이 탄생하면서 1기 의장을 이인영 선배가 맡았는데, 이듬해인 88년에 통일운동을 열심히 했어요.

그 무렵 학교마다 돌아다니면서 하는 전국적인 큰 집회가 많았어요. 88년 8·15 때 통일선봉대 활동을 했던 것도 아직도 저에게는 뜨거운 기억으로 남아 있어요.

지 / 통일운동을 하면서 구체적인 행동방침 같은 건 없었나요?

임 / '북한 바로 알기' 같은 캠페인을 했어요. 북한에 대한 정보가 워낙 없으니까 아주 기본적인 퀴즈 형식으로 했어요. 평양축전 참가 운동을 할 때는 학교 캠퍼스마다 평양 시내, 대동강, 을밀대 모형도 같은 걸 만들어놓는 수준이었죠. 용어 표현이 다르니까 아이스크림은 얼음보숭이, 도시락은 곽밥, 그런 걸 적어놓은 표를 보면서도 신기해하고 그랬죠.

지 / 전대협에서 왜 임수경 씨를 방북대표로 뽑았나요? 자료를 보면 당시 용인성남지역 총학생회연합 축전준비위원회 정책기획실에서 활동 중이었다고 되어 있더군요.

임 / 학교 총학생회에서 활동하다가 지역 선전국으로 파견되어 갔는데 평양축전 준비위원회가 만들어지면서 실무자로 일하게 된 것이 계기가 되었어요.

지 / 평양축전 참가를 위한 실무 작업에 참여하신 거네요.

임 / 그렇죠. 처음에는 정부와 협의해서 대규모로, 200명 단위 규모로 참가단을 구성하려고 했는데 최종적으로 정부가 축전참가 불허 방침을 내렸어요. 회의를 거듭하면서 소수의 대표단이 간다는 의견에서 단 한 명이라도 간다는 쪽으로 의견이 기울어졌어요.

보안문제 때문에 새로운 사람을 찾기 어려워서 실무자들끼리 고민하다가 논의 끝에 제가 대표가 된 거죠. 그때는 해외여행이 지금처럼 자유롭지 않아서 군대를 갔다 오지 않은 남자들은 출국 자체가 힘든 상황이었어요.

지 / 자유분방한 이미지 때문에 운동권 문화와는 조금 안 맞는다고 생각했던 이들도 있었나봐요. 그래서 '임수경을 왜 보냈을까?'라고 생각하는 경우도 있었다고 해요.

임 / 그때는 학생운동이 대중적으로 이루어졌죠. 87년 6월 항쟁을 기점으로 대규모 거리시위가 이어졌잖아요. 그 무렵 짱돌 한 번 안 던져본 사람은 없어요. 귀걸이하고 구두 신은 여학생까지 거리시위 안 나가본 학생이 없었을 정도로 광범위하게 참여했죠. 일반 회사원들도 참여해서 '넥타이 부대'라는 말도 있었잖아요. 운동권에 대한 파편화된 시각이나 편견이 있는 거 같아요. 운동권은 어떠어떠해야 한다고 누가 딱히 규정을 한 것도 아닐 텐데요.

지 / 운동권 하면 과격하다, 투쟁적이다 같은 투사 이미지가 있죠. 임수경 씨가 골수 운동권은 아니라는 느낌을 주어서 그렇게 생각들을 하지 않았나 싶네요.

임 / 운동권은 다 골수여야 하는 건 아니죠. 학생운동에 꼭 이념만 필요한가요? 가슴으로 할 수 있어요. 영혼으로 할 수도 있고. 당시에 정의감과 역사의식을 가지고 학생운동에 투신한 학생들이 더 많았다고 봐요. 정의가 실종된 시대였잖아요. 옆에서 사람들이 죽어가고 구속되는 걸 보면서 20대 청년으로서 뭔가 할 일을 찾아 끊임없이 몰두하는 과정이었죠.

저는 민족문제와 분단문제 해결이 절실하다고 생각했어요. 매일 학습하고 거리투쟁과 학내시위만 하면 끝인가 하는 생각이 들더군요. 87년 6월 항쟁 때 많은 국민들이 호헌철폐, 독재타도를 외치면서 직선제 개헌을 주장했잖아요. 호헌철폐를 쟁취했고, 독재타도 구호도 6·29선언을 통해 부분적으로 이루어졌죠. 직선제 개헌도 이끌어냈고요. 하지만 불행히도 1987년 대통령 선거일 전날, KAL기 폭파범 김현희가 김포공항에 내리는 순간 분위기가 급반전되었죠. 이때 저는 우리나라의 민주주의는 남북분단을 극복하지 않고는 이룰 수 없는 과제라고 생각했어요. 그래서 분단문제에 더욱더 관심을 가지게 되었고요. 그래서 88년에 통일운동에 적극적으로 나섰어요. 홍제동 네거리에서 드러눕기도 하고, 최루탄, 사과탄이 난무하는 와중에 통일구호를 외쳤던 시기예요.

90년대에 석방된 뒤에는 양심수와 국가보안법 문제에 관심이 많았어요. 국가보안법이 국가안보가 아닌 정권안보 차원에서 민주화 운동을 탄압하는 데 쓰였으니까요. 그래서 민주화실천가족운동협의회^{민가협} 집회에 매주 사회자로 참여했어요. 문화공연 형식의 집회를 도입하던 시기여서 대중문화 예술인들이 참여해서 장충체육관이나 보라매공원 같은 곳에서 대규모 공연을 많이 했는데 대부분 제가 사회를 맡았어요.

지 / 북한 그러면 주사파가 생각나고, PD 쪽 사람들은 NL 쪽 사람들을 종북이라고 얘기할 정도로 갈등이 있었는데, 그게 민주노동당을 갈라지게 한 요소 아니었나요?

임 / 역사를 바꾸는 게 사상이나 이론일까요? 아니라고 생각해요. 사람이 사람의 삶을 변하게 만드는 것이고, 이를 위해서는 먼저 공감대가 형성되어야 하죠. 모든 이론은 회색이라고 하잖아요. 이런저런 이론가들, 이론투쟁이나 노선투쟁을 하는 분들이 또 다른 차원에서 임수경 방북사건을 많이 비판했죠. 저는 그런 이론가들을 한편으론 존중하지만 그들의 이론이 무슨 소용인가 싶어요. 국민이 공감하고 국민의 삶을 바꾸지 못하는 이론은 의미가 없다고 생각해요.

임수경은 이론적인 사람이 아니에요. 감성이죠. 임수경 방북사건? 저는 감성이라고 생각해요. "판문점을 거쳐서 어떻게 가겠다는 건가?" 하는 외신기자의 질문에 "걸어서 가죠"라고 대답했던 건 이론적으로 할 수 있는 게 아니죠. 치밀하게 뭔가를 구상하고 도모하는 게 이론인데, 저의 경우 아주 감성적이었어요. 북한? 주체사상? 세습왕조? 이런저런 문제점들 다 초월해서 일단 금기의 벽을 한번 두들겨 보자 생각했던 것 같아요. 그게 너무나 많은 사람들의 삶을 바꿨죠. 이론적으로 재단하고 평가하고 사전, 사후 이런 걸 따지면 아무것도 변화시킬 수 없어요. 역사는 그렇게 바뀌는 것 아닐까요?

금단의 땅에서 금기의 벽을 두드리다

지 / 다시 평양축전 얘기로 돌아가서, 방북을 결심할 당시 고민이 많았을 것 같은데요. 부모님 생각도 났을 테고요.

임 / 만 스무 살, 어리다고도 할 만큼 젊었잖아요. 그리고 우리 부모님은 잘 지내고 계셨어요(웃음). 당시 우리는 통일에 기여하기 위해 평양축전 참가 준비를 열심히 하고 있었는데 북한 조선학생위원회에서 보낸 평양축전 초청장을 대한적십자사를 통해 통일부에서 전대협에 전달해줬어요. 세계적인 탈냉전 분위기 속에서 남북 간에도 화해 분위기가 있었기 때문에 정부도 축전 참가를 긍정적으로 검토를 하고, '남북학생교류추진위원회'라는 기구도 만들어 전대협과 논의도

하고 그랬어요. 해외동포의 북한 자유왕래를 허용하고 남북한 상호 교류를 적극 추진하는 7·7선언도 계기가 되었죠. 그런데 정부가 갑자기 평양축전을 반미, 반한의 정치 선전장이라 규정하면서 불허방침을 결정했어요. 처음에는 참가해도 좋다고 했다가 갑자기 입장을 바꾼 거예요. 정부의 갑작스러운 반대 입장에 대해 우리는 일관성 있게 축전 참가를 추진한 거죠.

지 / 당시 임종석 전대협 의장과 전문환 축전준비위원장, 박종열 축전준비위 정책실장 등이 복수의 후보자를 선정하고 나서 여러 주변 상황과 개인적 조건 등을 고려해서 결정을 내렸다고 하더라고요.

임 / 저더러 갔으면 좋겠다고 말하는데, 거절을 못했어요. 대규모의 평양축전 참가단 준비를 함께 하느라 고생한 사람들이 "누군가 가야 하는 상황에서 네가 가면 어떻겠니?"라고 했을 때, 이 참가의 당위성을 누구보다 잘 알고 있었던 제가 어떻게 거절을 하겠어요?

지 / 마음이 약한 부분도 작용을 한 셈이네요. 남자가 가는 것보다 예쁜 여대생이 가는 게 좋겠다고 생각한 건 아닐까요(웃음)?

임 / 매번 한밤중에 후줄근한 차림으로 모여서 회의하곤 했는데 예쁘면 얼마나 예뻤겠어요. 그런 걸 고려했던 건 아니고 제가 당차 보였나봐요.

지 / 개인적으로 심리적 압박을 느낄 수 있는 상황이었잖아요. 책임감도 컸을 테고. 전대협이나 북한 측의 기대도 컸을 텐데, 당돌하다 싶을 정도의 행동을 할 수 있었던 건 타고난 기질인가요?

48   임 / 기질 때문은 절대 아니고요. 저는 열 명 이상의 사람들 앞에

서 말해본 적도 없었던걸요. 평양축전은 각 나라별 부스에서 학술 토론회를 갖고 파티도 하고, 체육대회도 하는 축제였어요. 기가 눌릴 일은 없었죠.

지 / 사실 엄청난 스포트라이트를 받았잖아요. 남과 북은 물론 전 세계가 주목을 했었죠.

임 / 저한테 그렇게 큰 관심을 가지리라고 전혀 생각하지 못했어요. 평양 순안공항에 내렸을 때도 환영인파가 엄청 많았는데 그들이 모두 저를 환영 나온 거라고는 상상도 못했죠. 막상 상황이 닥치니까 부담은 있었지만, 그런 상황에서도 말이나 행동을 의식적으로 하거나 작위적, 의도적으로 하지 않는 기질이 있었던 것 같기는 해요.

지 / 작위적이진 않더라도 엄청난 행사에 대표로 왔으니까 멋진 말을 해야 한다는 식의 부담감은 가질 수 있잖아요. 근데 그러면 더 말이 안 나오죠. 그렇게 즉흥적으로 자연스럽게 연설을 하고, 그런 자

전대협은 평양에 도착했습니다. 전대협은 평양축전에 참가할 것입니다. (평양 순안비행장 도착성명, 1989. 6)

유스런 모습이 북한 사람들에게 충격적이었던 모양입니다.

임 / 당시 김일성대 교원이었던 새누리당 조명철 의원은 제가 즉석에서 자연스럽게 이야기를 잘했다고 기억하더군요. 아마 절실해서였을 거예요. 86년에 김세진과 이재호, 87년에 박종철과 이한열, 88년에 조성만 열사까지 제 나이 또래의 학생들이 연이어 죽어갔어요.

저 역시 독재정권에 의해 나라가 흔들리는 상황을 보면서 정의와 민주주의를 갈망했지만 87년 대통령 선거 이후 깊은 좌절감에 빠졌어요. 이때 모든 문제의 근본 원인은 분단에 있다고 생각해서 통일운동에 관심을 가지게 되었죠. 북한의 청년학생들을 만나 이야기를 나누고 싶었고, 금단의 땅에 발을 디뎌 금기의 벽을 깨는 것이 우리가 추구했던 민주주의를 완성시키는 씨앗이 될 것이라는 절실함이 저를 이끈 것 같아요. 그러니까 솔직할 수밖에요. 사리사욕이나 이해타산이 개입되지 않았으니까요. 뭔가 다른 의도를 가지고 있었다면 버벅거렸겠죠. 이런 얘기는 하면 안 되겠다, 혹은 이런 얘기를 해도 괜찮을까, 그런 생각을 하는 순간 말이 꼬이게 마련이지요.

지 / 당시 전대협 내부적으로 노선투쟁이 심했다고 하더라고요. 공안정국에 빌미만 제공한다는 주장도 있었다죠?

임 / 노선투쟁 같은 건 잘 몰라요. 그들과 함께 있지 않았고 그러리고는 바로 구속되었으니까요. 다만 공안정국에 빌미를 줬다는 생각은 해요. 하지만 그로 인해 북한 주민들이 대한민국이 어떤 사회인지 간접적으로 체험하고 동경하게 만든 계기가 되었다는 평가도 있어요. 남과 북 모두에게 엄청난 후폭풍을 몰고 온 셈이죠.

지 / 사실 빌미야 뭐든 꼬투리 잡기 나름이지만 워낙 사안이 컸죠.

임종석 당시 전대협 의장은 "방북 결정 과정에서 민주화 운동과 민중 생존권 투쟁에 악영향을 미칠 수도 있다는 내부적 의견이 있었다. 하지만 통일운동이 한 발 앞서나가고 대중화되기 위해서는 불가피한 선택이었다'라고 말한 게 기억납니다.

임 / 당시 평양축전의 모토는 '반제 연대성, 평화와 친선'이었어요. 여기에 기여하고 싶었죠. 남과 북의 분단상황을 세계에 알리고, 무엇보다 판문점을 거쳐서 한달음에 군사분계선을 넘어 돌아온 건 분단상황을 실감할 수 있는 큰 의미가 있는 일이었다고 생각해요.

지 / 제3국을 통해 돌아왔다면 의미가 축소됐을 거라고 생각하시는 분들도 많았죠.

임 / 북한 당국도 제3국을 통해 돌아가라고 계속 권유했어요.

지 / 위험할 수도 있다는 이유에서였나요?

임 / 북한은 공식적으로 정전협정을 한 번도 위반한 적이 없다고 말하거든요. 8·18 판문점 도끼만행 사건이나 그 밖의 여러 사건들을 다 부인하고 있었어요. 그런데 제 뜻대로 판문점을 거쳐 귀환하면 공식적·공개적으로 정전협정을 위반한 사례가 된다는 거였죠.

지 / 전 세계가 지켜보고 있는 상황이라 자신들한테 불리하게 작용할 수 있다는 생각 때문이었나요?

임 / 그것도 이유 중 하나일 거예요. 게다가 북한 사람들이 제 일거수일투족에 관심이 많아 매일 뉴스를 빠짐없이 보는데, 판문점을 통해 남쪽으로 돌려보내는 것이 부담스러웠을 수도 있죠. 그런데 그걸 관철해낸 거예요.

지 / 어떻게 설득시켰나요?

임 / 설득이라기보다는 지금 생각하면 자연스러운 과정이었어요. 6월 30일 평양 순안공항 도착성명 때부터 판문점 귀환의사를 밝혔고 이후 고려호텔에서 북한 기자들을 대상으로 기자회견을 할 때나 7월 2일 외신기자들도 포함된 규모가 큰 기자회견에서도 일관되게 "판문점을 통해 돌아가겠다"라고 주장했죠. 한 외신기자가 "판문점을 통해서 어떻게 가겠다는 거냐?"라고 질문을 하길래 "어떻게 가냐고요? 걸어서 가죠. 손을 흔들면서 노래를 부르면서 갈 거예요"라고 대답했어요. 그러자 기자회견장에 있던 사람들이 다 웃었어요.

처음부터 저는 그런 마인드였어요. 당연히 판문점으로 돌아가야 한다고 생각했으니 설득이고 뭐고 할 게 없었어요. 아르헨티나 감독이 만든 「남쪽 소녀(La Chica del Sur, 영문제목 The Girl from the South, 2012)」라는 다큐멘터리에 그 장면이 나와요. 진지하게 기자회견이 진행되다가 갑자기 사람들이 폭소를 터뜨리는 장면, 그 감독이 내외신 기자회견장을 찍었던 거죠. 아무튼 저는 도착 당시부터 판문점을 통해서 가겠다고 입장을 밝혔어요.

아르헨티나 감독이 만든 임수경 다큐 영화
「남쪽 소녀」 포스터

지 / 모든 사람들이 자기들 입맛에 맞게 세팅해놓고 배우 역할을 하길 바랐는데, 배우가 관객들에게 소리를 지르는 걸 많은 사람들이 보

내외신 기자회견. 좌측 하단 방송용 카메라를 든 이가 아르헨티나 감독이다. (인민문화궁전, 1989. 7. 2)

고 있으니까 관철이 된 거네요.

임 / 통제나 제지가 안 되는 상황이었죠. 처음부터 판문점 귀환이
공표된 상황이고, 외신기자들이 너무 많았고, 심지어 회견내용을 그
대로 중계방송을 했으니까요. 평양축전 행사에 참가했던 외국인과
해외동포들도 워낙 많았고요. 세계 각국에서 2만 명이 넘는 사람들
이 참가했죠. 평양축전은 북한이 치른 해방 후 최초이자 최대 규모
의 국제행사였죠. 카메라기자를 포함해서 취재기자 4명이 숙식을 같
이하며 모든 일정을 동행취재했어요. 그 내용은 자세히 신문과 TV
로 보도되고 임수경 뉴스는 매일 메인 톱뉴스였죠. 아무것도 숨길
수 없는 상태에서 어떻게 통제가 되겠어요.

북한에서 일어난 한류의 원조? "그건 맞아요"

지 / 평양까지 가는 데 열흘 걸렸죠? 도쿄와 베를린을 거쳐서요.

임 / 6월 21일 김포공항을 출국해서 30일 평양 순안공항에 도착했어요. 도쿄로 먼저 출국했다가 취리히를 경유, 서베를린에 도착했고 동베를린까지는 버스를 타고 갔어요. 그때는 베를린에서 평양까지 가는 조선민항 직항이 있었어요. 동베를린에서 모스크바를 경유, 평양에 도착하는 조선민항 비행기를 타고, 자동차로 서너 시간이면 도착할 거리를 열흘이나 걸려 도착한 거죠.

지 / 비행기 시간이 안 맞았나요? 10일이나 걸린 건 왜 그랬나요?

임 / 제가 도쿄에 도착한 날 어떻게 알았는지 AFP통신이 '전대협 대표, 해외 체류'라고 급히 타전을 해서 국내에선 난리가 났죠. 그래서 일본에 1주일 동안 대기상태로 머물게 되었어요. 문익환 목사님은 도쿄에서 베이징을 거쳐 평양으로 가셨는데 그때는 수교 전이라서 베이징 가는 것도 쉽지 않았고 정보기관에서 이미 주시하고 있는 노선이라서 고민을 많이 한 걸로 알아요.

지 / 도쿄에 머물다가 모스크바를 경유하여 평양에 간 과정을 간단히 말씀해주시겠어요?

임 / 조선민항이 1주일에 한 번 동베를린에서 평양까지 직항을 운행했어요. 하필이면 그날 제가 베를린에 도착한 거죠. 6월 30일 아침 9시에 서베를린 테겔공항에 도착한 당일 동베를린으로 가서 오후 4시 비행기를 탄 거예요. 나중에 안기부에서 조사받을 때 "너는 이게 말이 된다고 생각하니?"라고 묻더군요. 미리 치밀하게 계획하지 않았다면 단 하루 만에 비행기 환승이 가능한 일이 아니라는 거죠. 그래서 "저도 말이 안 된다고 생각합니다"라고 했어요(웃음).

동베를린 공항에 동독 주재 북한대사가 제 신원을 확인한다고 나와 있더군요. 제가 만난 최초의 김일성 배지를 달고 있는 북한 사람이었어요. 그때는 독일도 분단되었을 때인데 서베를린에서 동베를린으로 가는 데 아무런 제지 없이 그냥 갔어요. 체크포인트 찰리라고일종의 국경인데 경비군인이 버스에 승차해서 그냥 한 바퀴 둘러보고 통과시키더라고요. 저에게는 그것도 굉장한 충격이었죠.

지 / 독일은 그렇게 교류, 왕래를 허용하면서 조금씩 통일의 길로나아갔죠.

임 / 지하철이 서베를린에서 동베를린까지 연결되어 있어요. 서방국가는 서비스 요금이 비싸잖아요. 동베를린은 물가가 싸고 서비스료도 저렴해서 서베를린 사람들이 지하철을 타고 건너가 물건도 사고, 머리 파마도 하고 그랬대요. 서독 방송을 동독에서 자유롭게 들을 수 있었고요. 그에 비하면 우리는 분단의 벽이 아직도 너무 높죠.

지 / 우리와는 상황이 완전히 다르네, 우리는 이렇게 힘들게 가고있는데, 그런 생각은 안 들었나요?

임 / 그때는 러시아와 중국도 '소련'과 '중공'으로 불리던 시절이었어요. 철의 장막, 죽의 장막으로 불리던 시절이라 지금과는 상황이 정말 다르죠. 지금 유럽이 가깝게 느껴지는 건 러시아 영공을 지나기때문이에요. 당시에는 유럽에 가려면 미국을 거쳐서 가거나 홍콩을거쳐 돌아서 갔죠. 저도 그때 도쿄에서 미국 앵커리지를 거쳐서 베를린으로 갔어요.

지 / 항공권은 어떻게 구입했나요?

임 / 조선민항을 그냥 태워줬어요. 그러고 보니 제가 46일 동안 북한에서 먹고 자고 한 비용은 물론 평양행 비행기 요금까지 하나도 계산을 안 했네요. 아무튼 항공권도 없이 비행기를 탔고 옆자리도 비워주셔서 누워서 갔어요.

지 / 그때를 계기로 남한사회를 동경하게 되었다는 북한 젊은이들의 증언도 많더군요. 그건 북한 당국이 기대했던 것과는 다른 결과를 낳았는데요. 새누리당 하태경 의원은 "북한 청년들이 볼 때 임수경은 자유의 여신상이고, 북한에 자유의 바람을 몰고 왔다. 한류의 원조"라고 표현하더군요.

임 / 그건 맞아요(웃음).

지 / 도쿄에 있을 때 동독 주재 북한대사와 연락을 취한 건가요?

임 / 설마요. 어디로 어떻게 연락을 해요. 그러면 안기부 그림표에 의한 간첩사건이 되는데요. 저랑 서베를린에서 동베를린까지 함께 갔던 분이 현지 여행사 사장님이세요. 독일에서 금강산 관광단을 모집해서 북한 관광사업을 하는 분인데 그때 평양축전 관광객도 모집했대요. 저보다 나이가 어린 입양아 출신 남자와 여자, 그리고 현지 교포 남자, 여행사 사장님과 저, 이렇게 총 다섯 명이 갔어요. 모두 전대협 소속인 줄 알고 전대협 대표 다섯 명이 북한에 갔다고 잘못 알려졌지만 저 말고 다른 분들은 독일 교포였어요.

지 / 혼자 북한에 가신 이유는 뭔가요? 여러 명이 함께 가면 의지도 되고 부담도 덜하지 않았을까요.

임 / 함께 갈 만한 사람이 없었어요. 해외여행 자율화 이전이라서 남학생은 군필자가 아니면 여권이 나오지 않았어요. 군필자의 경우에도 사전에 신고하고 정신교육을 받아야 하는 등 절차가 정말 까다로웠죠.

지 / 군 미필자는 외국 나가면 안 돌아올까봐 여행허가를 내주지 않던 시절이었죠.

임 / 군대 갔다 온 예비역 남학생이 가려고 준비했던 모양이에요. 제가 출국한 다음 AFP통신에서 '전대협 대표 출국' 얘기가 나오자 계획을 일제 취소한 걸로 나중에 들었어요.

지 / 여권은 있었나요?

임 / 여권이 있어서 대표로 선정되었다고 알려지기도 했지만 그건 잘못 알려진 거예요. 그때 여권을 처음 만들었죠. 여권 만든 여행사 직원 분도 안기부에서 조사를 받았어요. 그분이 하필이면 외대 출신이어서 곤욕을 치렀다고 해요. 그냥 아무 여행사에서 한 건데 외대 동문이라 미리 사전에 준비한 것처럼 말이죠.

지 / 그때는 후배한테 차비하라고 1만 원 주면 공작금으로 둔갑하던 시절이었잖아요.

임 / 그런가요(웃음).

| 제 2 부 |

그 여름, 46박 47일

나는 북한을 동경해서 온 것이 아니다

지 / 평양축전은 북한이 88 서울올림픽을 의식해 개최한 대회라는 평가가 있어요. 직접 가보니 어떤 느낌이었나요?

임 / 체제 선전을 위한 행사로는 목적 달성을 못한 셈이죠. 그 무렵 천안문사태 유혈진압으로 중국 정부에 대한 대규모 규탄시위도 있었고, 북한이 앰네스티 인터내셔널(Amnesty International, 국제사면위원회) 관련자들의 입국을 거부하는 바람에 'Where is Amnesty?(앰네스티는 어디에 있는가)' 라는 현수막을 앞세우고 행진도 했어요. 미국 대표단은 성조기를 휘날리며 평양 시가행진을 했고요.

지 / 우리 정부는 처음에는 축전 참가를 허용할 듯하더니 불허 방침을 밝혔잖아요.

임 / 창구 단일화가 이유였어요. 앞서 문익환 목사님의 방북 이후 공안정국의 여파도 컸고 막상 행사가 임박하면서 내부에서 반대가 있었을 거예요. 우리는 참가단의 구성과 규모를 줄인다, 참가가 아닌 참관단체로 할 수도 있다, 정부가 반대하는 정치적 행사에는 참여하지 않겠다는 등 여러 가지 입장을 제시했지만 결국 실행단계에서 관철이 안 된 거지요. 그래서 평양축전 참가를 준비하고 있던 사람들은 소수의 대표단, 그래도 안 되면 한 명이라도 가야 된다고 생각했어요. 그게 너무 무거운 짐이었던 거죠. 우리 정부에서는 박철언 전 장관이 비밀리에 평양축전 개막식에 참석했다가 논란이 커지기도 했어요. 그런데 저만 국가보안법 위반으로 감옥에 갔네요.

지 / 2012년 1월 「백지연의 피플 INSIDE」에 출연했을 때 이런 얘기를 하셨죠. "감옥 몇 년 갔다 오면 잊힐 줄 알았다." 사실 당시에는 말도 안 되는 이유로 간첩단을 조작하는 경우가 많았잖아요. 어떻게 보면 너무 큰일이라 정부도 당황스러웠을 것 같은데요. 방북이라는 엄청나고 부담스러운 일도 젊었기에 할 수 있었겠죠?

임 / 뭔가 앞뒤를 재면서 행동하는 나이가 아니었으니까요. 정말 그때의 그 특별했던 여름이 제 평생을 규정하고 지배하게 될 줄은 정말 몰랐어요. 46박 47일 머무는 동안 나름 원칙이 있었어요.

북한의 「로동신문」을 보면 내용이 완전 소설 수준인데요. 남조선의 아무개 씨는 오늘도 출근길 지하철에서 수령님의 노작을 읽으며 감격의 눈물을 흘렸다, 이런 식이죠. 당시 북한 사람들에게는 자연스러운 정서였는데 제가 도착 첫날부터 "나는 북한을 동경해서 온 것이 아니다"라고 했으니 그분들이 얼마나 당황했겠어요.

지 / 북측의 경우도 방북 의도가 자신들이 생각했던 것과는 달라 당황했겠네요. 그들이야 체제의 우월성을 선전하고 싶었을 텐데요. 어떤 측면에서는 통일문제에 대해서는 북한이 단선적인 사고방식을 갖고 있는 것 같다는 느낌이 들더군요.

임 / 평양축전에 참가한 목적은 두 가지였어요. 세계 각국의 청년들이 모인 곳에서 우리가 원래 하나였다는 것과 남북이 통일을 위해 노력한다는 의지를 알리는 것, 또 하나는 북쪽의 젊은이들과 통일을 위한 원칙을 확인하고 싶었던 거죠. 당시에는 북한 역시 어쩔 수 없었던 측면이 있었어요. 제가 잠수정 타고 은밀히 넘어가 초대소에서 기념사진이나 찍고 온 게 아니잖아요. 김포공항 출국할 때부터 대한민국 여권을 들고 갔고, 순안공항 도착할 때도 그 장면을 전 국민이 다 보셨잖아요. 평양축전 개막식을 비롯해서 제가 참석하는 행사의 모든 일정은 공개되고 심지어 생중계도 되었고요. 평양에서 열리는 최초의 국제행사에 저는 170개국 2만 명의 참가자 중 한 명이었어요. 남북 대치상태에서 여학생이 혈혈단신으로 참가했기 때문에 세계가 주목했고, 외신기자도 많이 따라다녔어요.

지 / 북한 주민들은 '이제 곧 통일이 되나보다' 하고 감격했겠네요. 부담감은 컸겠지만, 어쨌든 큰 그림은 그리고 가셨을 것 같은데요. 평양축전을 마친 뒤의 일정까지 계획하고 가셨나요? 아니면 거기서 변경된 건가요?

임 / 축전 기간인 7월 1일부터 8일 사이에 '남북청년학생공동선언문'을 발표하고, 7월 20일부터 27일까지 백두산에서 판문점까지 '국제평화대행진'을 진행하고, 7월 27일에 판문점을 통해 귀환을 시도한다, 이렇게 계획을 세운 대로 일정을 소화했어요. 그리고 혹시 7월 27일에 귀환하지 못하면 8월 15일에 판문점을 통해 돌아가자, 단식농

해외동포 통일문화의 밤 행사장에서 북한 대학생들과 함께. 왼쪽에 평양연극영화대학 김순영, 김형직사범대학 윤광택, 오른쪽에 김일성종합대학 고응삼 (조선구락부 청년회관, 1989. 7. 9)

성도 하나의 방법이다, 여기까지 사전에 다 논의한 부분이에요. 그런데 8월 15일을 앞두고 전대협 지도부에서 상황이 여의치 않으니 9월 1일 개강 때 맞춰 돌아오라고 기자회견을 했나봐요. 그 내용이 빨리 저에게 전해지지도 않았고, 그걸 믿을 수도 없었죠. 그래서 저는 예정대로 8월 15일에 돌아오기로 마음먹고 관철시켰던 거예요.

지 / 북한 청년들을 처음 만났을 때 어떤 생각이 들던가요? 똑같은 사람이구나, 하는 생각도 들었겠지만 체제가 달라 이질적인 부분도 있었을 텐데요.

임 / 88년에 "가자 북으로, 오라 남으로, 만나자 판문점에서"라는 구호를 외쳤어요. 1960년 4·19혁명 때 나왔던 구호가 88년에 다시 등장한 거죠. 지금은 연극배우인 김중기 선배가 당시 서울대 총학생회장 후보로 출마하면서 김일성종합대학에 축구경기를 제안한 것을

서울에서 열린 8·15 민족공동행사, 장혜명 시인이 참석했다. (임수경 오른쪽) 맨 오른쪽에 소설가 현기영 (쉐라톤워커힐 호텔, 2002. 8. 15)

계기로 그 구호가 널리 알려졌어요. 그때 김일성종합대학에 재학 중이던 장혜명 시인이 "남녘의 학우들에게"라는 화답시를 보내왔어요. 긴 시였는데 "아, 상봉의 그날, 우리 함께 축구를 한다면 날아오는 골 일랑 그물에 걸리도록 내버려두자." 이런 내용이었어요. 그 시가 제 가슴에 와닿았죠. 당시 대자보에도 많이 등장했어요.

저는 북한 청년들에게 이질감을 느낄수록 같은 걸 찾아보려고 노력했어요. 7월 7일 '남북청년학생공동선언문'을 발표할 때, 선언문을 읽고 제가 즉석에서 연설을 한 뒤 교복 차림의 북한 여학생이 연설을 하는 순서였어요. 북한은 대학생도 교복을 입거든요. 남학생은 흰 셔츠에 정장바지, 여학생은 흰 블라우스 위에 초록색 원피스를 입어요. 그 교복을 입은 여학생이 준비된 원고를 읽는데, 첫 문장을 읽자마자 북한 대학생들이 일시에 빵 터졌어요. 조선중앙방송 아나운서 톤으로 읽었거든요. 평소 같으면 자연스럽게 받아들였을 말투

국제평화대행진 출정식을 마치고 양강도 주민들과 기장떡 떡메를 치며 즐거운 시간 (백두산, 1989. 7. 21)

인데 제가 활기차고 자연스럽게 연설하는 것과는 완전히 톤이 다르니까 비교가 되잖아요. 그래서 저도 따라서 웃었죠. 길거리를 지나가다가 선전구호나 대형 초상화 같은 걸 보면 순간순간 수시로 깜짝 놀라긴 했어요. 하지만 워낙에 그쪽 분들이 잘 웃고 잘 대해주셔서 크게 이질적인 걸 느끼지 못했어요. 애써 느끼지 않으려고 했는지도 <u>모르죠.</u>

지 / 30여 개국에서 온 평화운동가 300여 명과 백두산 천지에서 판문점까지 '코리아의 평화와 통일을 위한 국제평화대행진'에 참가했잖아요. 여러 나라 사람들하고 많은 얘기를 나누어보았을 텐데요.

임 / 한국전쟁 당시 유엔군 참전 16개국의 평화운동가와 종교인을 중심으로 구성된 행진단이었어요. 수석대표는 미국의 인권운동가인 다무 스미스 씨가 맡았고요. 정전협정 체결일인 7월 27일에 평화협정으로 대체할 것을 요구하는 내용도 포함되었죠.

7월 20일부터 27일까지 백두산-평양-사리원-개성-판문점까지 함께 먹고 자고 걷는 일정이었어요. 야영도 하고 저녁식사 후 모여서 노래도 부르고 단합대회도 가졌어요. 공놀이도 같이 하고 그랬죠. 그렇게 많은 외국인이 참여해서 오랜 기간 동안 북한 전역을 두루두루 다녔던 행사는 전무후무할 거예요.

"언니와 함께 나도 갈 테야"

지 / 북한 주민들도 외국인을 보는 경우가 극히 드물었을 텐데요. 그분들 반응은 어땠나요?

임 / 당시에는 느끼지 못했지만 지금 생각해보면 굉장히 신기했을 거예요. 북한에서는 가두행진을 할 때 군인들이 다리를 직각으로 올리잖아요. 그런데 눈앞에서 사물놀이도 하고, 밀짚모자에 이상한 두건 같은 거 쓰고, 줄도 흐트러진 채 행진하는 게 북한 주민들에게는 엄청난 퍼포먼스로 다가왔지 않나 싶어요. 평양에서 남쪽으로 내려올수록 이산가족들이 많다는 걸 느꼈어요. 사람들이 뭔가를 들고 제게 다가오곤 했는데 대구에 사는 자기 딸에게 편지를 전해달라거나, 옷이나 사진을 주기도 하고, 평양과는 다른 열기가 느껴지더라고요. 정말 뭐라고 표현하기 힘든 아련한 감정이 들었죠.

사리원을 거쳐 개성으로 오는 동안 환영 열기는 점점 더 뜨거워지더군요. 기차에 달라붙는 사람도 있고, 인도와 차도 사이에 쇠로 만들어진 난간이 사람들에 밀려 부서지고, 그래서 부상자도 생기고 그랬어요. 큰 소리로 붙들고 울고, 주저앉기도 하고 아무튼 엄청났어요. 통제도 거의 안 되고. 그분들로서는 굉장히 새로운 광경을 목격한 게 아닌가 싶어요. 매사 격식을 차리고 통제에 의해 형식적으로 움직이는 기존 북한 스타일과는 너무 달랐으니까요. 그래서 지금까지도 많은 분들이 당시를 기억하시는 걸 테지요.

지 / 편지를 남쪽 가족에게 전해달라는 부탁을 많이 받았다고요?

임 / 그럼요. 당장에 전하지는 못하지만 하루 일과를 정리하면서 읽어보았어요. 그래서 마음속에 다 남아 있어요. 한번은 김일성종합대학 교수였던 분이 제 손을 잡으면서 서울 모 신문사 중견 언론인인 아들에게 소식을 전해달라고 하더군요. 제가 그 뜻을 아드님께 간접적으로 전했는데, 저를 안 만나겠다고 하더군요. 자기 아버지 소식인데 왜 듣고 싶지 않겠어요? 아버지가 월북하는 바람에 그동안 고난이 많았나보다 생각했어요.

지 / 원망 때문일까요, 아니면 두려워서?

임 / 모르겠어요. 서울에서 어떻게 살고 있건 헤어진 아버지와 아들이잖아요. 아들 이야기를 건네시면서 제 손을 잡고 차마 놓지를 못하시는데 눈빛이 굉장히 절절했어요. 그래서 아버님을 만났다는 얘기를 아드님에게 전해드리고 손도 대신 잡아드리고 싶었는데 안타까웠죠. 그분 아드님은 지금도 열심히 반공 칼럼을 쓰고 계세요.

지 / 그런 칼럼을 쓰다 보면 월북한 아버지가 불편한 존재일 수도 있겠네요.

임 / 박정희 전 대통령도 사회주의에 가담한 전력이 있으니까 더 강력하게 반공정책을 폈죠.

지 / 열흘 가까이 행진하면서 에피소드가 많았을 텐데요.

임 / 안개 때문에 백두산 천지를 실제로 보는 게 정말 어렵다는데 우리는 순식간에 안개가 싹 걷혀서 저 멀리 중국 땅의 봉우리까지도 볼 수 있었어요. 정방산에서는 텐트치고 야영하면서 정말 친해졌죠. 천재시인으로 평가받던 김일신 어린이도 행진단에 합류했는데 저에게 시를 한 편 써 왔어요.

사진을 찍자요 임수경 언니
언니 얼굴 내 얼굴 어디가 다른가
뿔났다고 하던 사람 뿔 찾다가 해 저물게
우리 함께 사진을 찍자요

제가 기자회견장에서 "저도 어렸을 때 반공교육을 받았고, 북한 사람 머리에 뿔도 그렸다"고 말한 적이 있는데, 그걸 TV로 보고 초등학교 1학년짜리가 시를 쓴 거예요. 그 아이가 자작시인 「언니와 함께 나도 갈 테야」도 보여줬어요. 2001년 8·15민족대축전에 다시 방북해서 일신이와 재회했어요. 김일성종합대학 어문학부 4학년이고 시를 계속 쓴다고 하더군요.

언니와 함께 나도 갈테야

- 김일신 (신의주 백사인민학교 1학년, 1989)

하루는 스물네 시간
보고보고 또 봐도 더 보고 싶은 얼굴
학교에 가도 언니 이야기
뛰놀면서도 언니가 즐겨하는 놀이
매일매일 언니 가는 길 떨어질까 무서워
텔레비전 앞에서 뜨지 않아요

아아 어이하랴
몇 밤이면 내 곁을 떠나야 하나요
목숨 걸고 사선을 넘어 축전에 온 임양 언니
어찌하여 갈 길을 걱정해야 하나요

통일노래 부르며 울먹이는 언니야
언니 가는 길 백두에서 한라산까지
천리건 만리건 따라갈래요

우리 앞길은 무섭지 않아요

온 누리 꽃봉오리 마음을 합쳐

언니 가는 길 열어나가는 백두의 바위 되며

장한 일 하고 가는 언니를 못 다치게

내 몸 억센 무쇠탄피 되어 판문점을 허물며

나도 나도 언니와 함께 갈래요

지 / 소식을 알고 계신 분들이 또 있나요?

임 / 그때 만났던 사람들 중에 기억나는 분들은 꽤 있어요. 지금 최고 실세로 알려져 있는 최룡해 씨는 사회주의노동자청년동맹사로청 위원장이었는데, 2014년 인천 아시안게임 폐막식에서 다시 만났죠. 그리고 2013년 6월 남북장관급회담에 참여하는 양측 수석대표의 격을 둘러싼 이견으로 회담이 무산된 적 있어요. 그때 회담대표였던

인천아시안게임 남자축구 결승전 남북한전 관람. 오른쪽으로 윤관석의원, 이한성의원 (주경기장, 2014. 10. 2)

강지영(당시 김책공대 학생위원장) 씨는 그동안 천주교 관련 남북교류 과정에서 만난 적 있고 꾸준히 소식도 듣곤 했어요. 원산경제대학 학생위원장이었던 리금철은 민족화해협의회민화협에 오래 몸담고 있었고 개성공단 책임자로 있기도 했는데, 서울에 왔을 때도 만난 적 있고요. 김창룡 조선학생위원장은 외교관이 되어서 이란대사와 독일대사로 있다가 아프리카로 부임되었다고 하고, 평양연극영화대학 부위원장이던 김순영은 프랑스대사의 부인이 되었다는 얘기도 들었어요. 카메라기자로 저를 계속 밀착 취재하던 최민 기자는 1990년 남북고위급회담 때 서울에 와서 우리집에 방문한 적도 있는데 금강산 취재 중 추락사하셨다고 해요.

함께 부르는 노래 「우리의 소원」

지 / 평양축전 폐막일 즈음 전대협 대표 자격으로 북한 조선학생위원회와 '남북청년학생공동선언문'을 채택했잖아요. 초안은 여기서 작성해서 가셨나요?

임 / 그럼요. 우리가 작성한 초안 내용만 빠짐없이 들어가면 되니 최종 발표문에는 북측 요구도 수용했어요. 그랬더니 나중에 안기부에서 북한이 써준 걸 그대로 읽었다고 발표했어요. 「조선일보」에서도 "행사 때마다 북측이 써준 원고 낭독"이라는 제목을 붙여 악의적으로 보도했지만, 말도 안 되는 소리죠. 우선 북에서 쓰는 표현과 제가 쓰는 용어가 다르고, 제가 전대협 선전국에서 연설문을 작성하던 사람인데 자존심 상하게 어떻게 북측이 써준 원고를 읽겠어요(웃음).

당시 신문은 다 그런 식이었어요. 「한겨레」가 비교적 사실관계에 맞는 보도를 했죠. 신문을 시간이 한참 지나 보았는데, 대부분 내용이 너무 유치하더군요. 공동선언문도 북측에서 작성한 것이다, 벤츠

승용차 등 호화 대접에 세뇌당했다, 이런 내용으로요. 벤츠까지는 없었지만 우리 집도 평창동에서 괜찮게 살았어요(웃음).

지 / 호텔도 한 층을 다 썼다, 이렇게 발표했죠?

임 / 그렇게 따지면 한 층이 아닌 4개 층을 썼어요. 36층부터 39층까지 전용 엘리베이터로 차단된 VIP 객실인데 36층과 37층은 북한 대학생들이 썼고, 38층은 제 방이었어요. 판문점 귀환 때 둘렀던 태극기도 그곳에서 그렸죠. 39층은 식당이었고요.

지 / 방을 혼자 쓰다 보니 저녁때 심심하지 않았나요?

임 / 심심할 겨를이 있나요. 밤늦게까지 일정을 소화했고, 늘 긴장 상태라 피곤하기도 했고요. 서재와 응접실이 있었는데 피아노가 있어서 우리 노래를 악보 그려주고 가사 써주고, 제가 성당 성가대 반주자 출신이거든요.

그렇게 남북이 함께 부를 수 있는 노래가 몇 곡 더 생긴 거죠. 처음에는 같이 부를 수 있는 노래가 「아리랑」밖에 없었어요. 그리고 「고향의 봄」이나 「아침이슬」 등 점점 함께 부를 수 있는 노래가 많아졌죠. 「우리의 소원」은 9시 TV뉴스 직전에 웅장한 합창곡으로 매일 방송되었어요. 어마어마한 일이죠.

남과 북이 만났을 때는 공통점이 있어야 해요. 함께 아는 책이라든지, 함께 부를 수 있는 노래라든지. 서먹서먹한 사이일 때는 그런 식으로 상대를 조금씩 알아가잖아요. 소개팅 나가서 "초등학교 어디 나왔어요?" 이렇게 묻는 것처럼(웃음).

그런 게 공통점을 찾기 위한 거잖아요. 남과 북의 서로 서먹한 사람들에게 공통의 주제로 '임수경'이 있기도 해요. "임수경

학생은 잘 있나요?", "임수경은 아직 감옥에 있나요?" 이런 것들은 공통의 대화거리, 공통의 화제인 거죠. 저는 지금도 그게 중요하다고 생각해요. 남북 간에 안부를 물을 수 있는 사람이 있다는 것은 얼마나 소중한 일인가요? 남북교류가 진전되면서 이제는 우리가 알게 된 북한 노래도 많아졌죠. 「반갑습니다」나 「휘파람」, 「임진강」 같은 노래들은 이제 많이들 알고 계시잖아요.

지 / 국가보안법에는 적국으로부터의 받은 향응제공이나 관련된 처벌 조항이 있잖아요. 돈으로 따지면 엄청난 향응을 제공받은 셈인데요. VIP룸 일일 사용료를 따져본다면(웃음).

임 / 그러네요. 어떡하죠? 안기부 수사발표문에도 객실사용료는 금품수수에서 빠졌던데요? 들고 오지도 않은 꿀과 산삼 등 선물로 받은 것을 '금품수수'로 넣었더라고요(웃음).

지 / 숙박료, 식사에 맥주까지도 마셨을 텐데요.

임 / 그건 금품수수가 아니라 '편의제공'입니다(웃음). 그러고 보니 전부 다 돈을 안 내고 왔네요.

지 / 공동선언문을 채택할 때 한국하고 연락이 없었나요?

임 / 방법이 있을 거라고 생각했는데, 결국은 못했어요.

지 / 연락할 수도 있을 거라고 생각하셨군요.

임 / 평양 도착 당시 「한국일보」, 「서울신문」 등 도쿄 특파원들이 고려호텔로 전화해서 통화도 했거든요. 그런 식으로 서울과도 어떤 방식으로든 연락이 될 거라 믿었는데 안 되더군요. 도쿄뿐만 아니라 북한의 적성국가인 미국과도 통화가 되는데 유일하게 안 되는 곳이 서울이에요. 지금까지도 그렇죠. 제가 평양에서 다른 나라로 팩스를 보내면 누군가 서울로 전달을 해줄 수는 있겠지만, 그러는 순간 해외 전위조직 간첩단사건 식의 빌미를 제공하게 되잖아요. 게다가 평양은 그렇게 즉각적으로 연락이 되는 곳이 아니더라고요.

지 / 아무래도 상당히 폐쇄적인 곳이죠?

임 / 남쪽 신문을 보고 싶다고 말하면 전달받기까지 3일이 걸렸어요. 신문이 아니라 구문이죠. 전 세계적으로 일상적인 사안들이 신속하게 바로바로 처리되는 곳은 우리나라밖에 없어요.

지 / 판문점을 통해 귀국하지 않겠다고 했을 때 북한 당국에서 많이 곤란해했다고 들었어요.

임 / 6월 30일 도착하자마자 도착성명을 통해 판문점을 통해 귀환하겠다고 말했어요. 7월 2일 외신기자회견을 할 때요. 처음부터 공언했던 거라 북측에서는 공식적으로 안 된다고 하지는 않고 일단 두고 보겠다는 입장이었나 봐요. 그런데 8월 12일쯤 처음 보는 두 분이 찾아와서 판문점 귀환은 안 된다고 말하더라고요.

지 / 그래서 자살하겠다고 위협하셨나요(웃음)? 당시 기사에도 났던데요.

임 / 과장된 거예요. 북측에서도 강압적으로 안 된다고 말했던 건 아니에요. 우리가 어떻게 임수경 양이 판문점을 통해 남으로 돌아가서 구속되는 걸 지켜보겠느냐, 이렇게 돌려서 말했어요. 대안으로 제3국에 좀 있다가 가면 어떻겠냐고 하더군요. 판문점 귀환은 어렵구나, 생각하니 눈물이 왈칵 쏟아졌어요. 한참을 우니까 두 분 아저씨들이 어쩔 줄 몰라 하더라고요. 눈물을 그치고 나서 "나는 지금 여기서 뛰어내리고 싶은 심정이다." 그렇게 얘기한 게 전부예요.

지 / 그쪽에서는 '계속 못 가게 하면 정말 뛰어내리는 거 아냐?' 이렇게 생각했을 수도 있었겠네요.
임 / 제가 있던 곳이 38층이었거든요. 창문이 그냥 확 열려요. 그정도 고층 건물이면 아예 창문이 열리지 않거나 열려도 안전판 같은게 있는데 말이죠.

지 / 굉장히 위험하겠네요.
임 / 위험하죠. 그러니까 그쪽에서 좀 긴장했을지는 모르지만 저는 전혀 그런 의도가 아니었어요. 그런데 그 얘기가 전해지고, 전해

판문점 귀환을 지켜본 제임스 리(한국명 이문항) 전 유엔군 사령관 특별고문
(미국 워싱턴 교민 간담회, 1999. 7)

지고, 전해지면서 조금씩 과장되었어요. 나중에는 할복을 하려고 했다더라 하는 말까지 떠돌아서 유엔군 정전위원회 소속 제임스 리라는 분이 이 내용으로 인터뷰한 것이 보도되기도 했어요(웃음).

지 / 터무니없는 영웅담이 만들어지기도 했지요?

임 / 전철우 씨가 방송에서 이야기한 건데 당시 우리집에는 컴퓨터가 없었어요. 우리집뿐만 아니라 어디에도 컴퓨터가 보급되기 전이거든요. 타자기로 쳐서 복사하던 시절이니까요. 그런데 제가 김책공업종합대학 컴퓨터실에 가서 "저 컴퓨터 우리집에 있는 거네"라고 말했대요. 그런 식으로 많은 부분이 와전되고 부풀려졌죠.

지 / 철없는 대학생 이미지를 심어주려고 했던 거 아닐까요? 이를테면 콜라를 마시고 싶다고 말했다는 것도 그렇고요.

임 / 그런 얘기도 있었어요? 그때 우리는 커피, 콜라 안 마시기 운동을 해서 저는 콜라를 마시지 않았는데요. 그런 적은 없고, 북한 룡성맥주가 맛이 없다고 하이네켄 달라고 한 적은 있죠(웃음).

그들이 원하는 것 한 번쯤은

지 / 그쪽에서 회유 같은 건 없었나요? 임수경이 북한이 좋아서 남았다, 그러면 자신들의 체제 선전에 엄청 유리하잖아요.

임 / 사람 딱 보면 알죠. 애초에 씨알이 안 먹히니까요(웃음). 일체 그런 요구는 없었어요. 나중에 안기부에서 혁명열사릉에 간 것을 가장 문제 삼더라고요. 8월 15일 귀환을 앞두고 12일인가, 13일에 갔는데 사실 좀 미안해서 간 거예요. 그쪽 사람들이 원하는 걸 일체 안 해줘서 곤란한 상황이 많이 있었거든요. 마지막 귀환을 앞두고 그분들이 원하는 것을 한 번쯤은 들어드려야겠다 싶었어요.

지 / 북측에서 어떤 것들을 요구했고, 어떤 부분을 거절하셨나요?

임 / 북한 체제를 선전하는 퍼포먼스들이 있었어요. 공연이나 카드섹션 같은 행사가 많더라고요. 저는 하루 전날, 다음날 일정을 정해서 그대로만 움직였어요. 그런데 갑자기 '오늘의 조선'이라는 체제선전용 카드섹션 행사장으로 데려가더라고요. 머리가 아프다는 핑계로 그냥 나왔는데 그때 말이 많았나 보더라고요. 평양축전도 행사가 날짜별, 나라별로 다양했는데 그쪽 사람들은 저를 북한 쪽, 조선민주주의인민공화국, 조선역사, 그런 곳으로 데려가고 싶어 했어요. 그러면 저는 "남과 북을 대립시키는 체제선전적인 곳보다는 인권, 반핵, 평화, 친선, 이런 것을 다루는 곳에 가고 싶다"고 했어요. 그래서 「평화, 군축, 핵무기 없는 세계안전센터」 토론장에서 주제 발표를 하기도 했고, 국제대학생회의와 여성권리센터, 종교인 토론회 등에 참석했어요. 그런데 지금 한반도에서 가장 큰 문제가 핵무기이니 역사의 아이러니죠(웃음). 그리고 "지도층 인사들보다는 학생들을 만나겠다, 만나도 공개된 장소에서만 만나겠다"고 했어요. 여연구, 김용순 등 북한 지도층 인사들은 공개된 행사 장소에서만 만나고, 따로 일정을 잡지는 않았어요. 제 나름대로의 원칙이 있었던 거죠.

지 / 제 생각에는 그곳에서 북측 요구를 거절한다는 게 굉장히 부담스러웠을 것 같아요. 친해지려고 간 거지만 어릴 때부터 주입받았던 교육도 있을 테니 불편하기도 했을 테고요.

임 / 제가 가고 싶은 곳을 말하면 그쪽 분들은 "토론해봅시다"라고 말해요. 뭔가를 끝내고 나면 반드시 총화, 평가를 하죠. 그렇게 조직

된 사회라 제가 즉흥적으로 "저기 한번 가보고 싶은데요" 하면 굉장히 당황했어요. 그렇게 46박 47일을 보냈죠. 지금 같으면 그렇게 긴장하지도 않고, 그분들에게 까칠하게 대하지 않았을 텐데, 저로서는 하루하루가 긴장의 연속이었어요. 제가 개인적으로 간 게 아니라 전대협 소속 대학생, 평양축전 참가를 원했던 모든 학생들을 대신해서 갔기 때문에 굉장히 조심스러웠죠. 전대협 대표로 갔기에 조금이라도 원칙을 훼손하거나 비난의 대상이 되지 않으려고 정말 노력을 많이 했어요. 그랬는데도 욕을 많이 먹었으니 저는 아주 오래 살지 않을까요(웃음).

지 / 북측의 경우 자신들의 체제를 비판한다든가, 수령에 대한 조심스럽지 못한 언사를 하면 태도가 돌변하는 경우도 있지 않나요? 개성공단에서도 그런 일이 한 번 있었는데요.

임 / 그건 상황의 문제인 것 같아요. 개성공단의 경우 우리 측 직원들이 격의 없이 대화를 나눈 것인데 문제가 된 것이고요. 장소나 대상에 따라 이야기의 내용이 달라져야겠죠. 저는 도착 순간부터 모든 상황이 통제 불능 상태로 흘러갔고, 너무나 많은 군중들에게 제가 노출되었죠. 외신기자들도 많았고요. 북한도 밤 9시에 TV뉴스를 하는데, 방송 앞머리 20분 동안 매일 임수경 뉴스를 내보냈어요. 나중에는 보도시간이 좀 줄어들긴 했지만요. 그러다 보니 제가 하자는 대로 할 수밖에 없는 상황이 벌어졌죠(웃음). 그분들도 제가 못 마땅한 적이 왜 없었겠어요. 그래도 큰 마찰은 없었어요.

지 / 북측에서 마련한 공연을 보면서 인상 깊었던 것은요?

임 / 북한에는 혁명가극이 많아요. 저는 「꽃 파는 처녀」만 보고,

「피바다」는 안 봤어요. 내용을 모르니까 제목만 보고 결정한 거죠. 「피바다」는 제목이 좀 그렇잖아요(웃음). 「꽃 파는 처녀」는 여주인공 꽃분이가 지주에게 팔려가 모진 설움을 받다가 혁명의 길에 들어서는 내용인데, 공연이 끝날 때 제가 출연진에게 꽃다발을 주는 순서가 있었어요. 모두들 당연히 주인공인 꽃분이에게 줄 거라고 생각했을 텐데 저는 못된 지주에게 줬거든요(웃음). 순간 장내가 조용해지면서 정적이 감돌았어요. 관객들이 깜짝 놀란 거죠. 제가 생각했을 땐 꽃분이는 주인공이라 그동안 꽃다발을 많이 받았을 테고 지주 역을 맡은 배우는 한 번도 못 받았을 것 같아서 드린 건데요.

지 / 나름 배려를 한 거네요.

임 / 그래서 그분에게 준 건데 북한 관객들 입장에서는 좀 뜨악했죠. 혁명가극에 심취해 열기가 뜨거운데, 게다가 임수경이 직접 꽃다발을 주는데 혁명의 주인공이 아닌 지주에게 가니까요(웃음).

지 / 지주 역을 맡은 배우도 당황했겠네요.

임 / 그렇죠. 주인공 꽃분이 역할을 하신 분도 당연히 꽃다발 받을 준비를 하고 미소를 짓고 있다가 표정이 완전 굳었고요. 그때 3초 정도 침묵이 이어졌는데 그 시간이 저에게는 되게 길었어요. 관객 모두가 얼어붙었다는 게 느껴질 정도로요.

지 / 판문점을 통해 1차 귀환을 시도할 때 태극기를 몸에 두르고 계셨죠. "평양 제1백화점에서 천과 물감을 사서 직접 만들었다. 당시 북한에서 태극기를 공개적으로 두른다는 건 있을 수 없는 일이었다"고 하셨잖아요. 그쪽 사람들이 태극기를 보고 엄청나게 놀랐겠네요.

정전협정 체결일에 태극기를 목에 두르고 판문점 귀환 시도 (1989. 7. 27)

임 / 만드는 것도 몰랐을 거예요. 아마 누군가는 질책을 받았을 수도 있지만 어쩌면 북한 주민들은 그게 태극기인지도 몰랐을 것 같아요. 대부분 태극기를 본 적이 없으니까요.

그 시절 우리는 애국심이 철철 넘쳤다

지 / 태극기를 그리기 위해 백화점에서 천과 물감을 살 때 용도를 묻지는 않던가요?

임 / 아마 그림을 그리려 하나보다 생각했을 거예요. 제가 호텔 객실에서 책도 읽고, 글도 쓰고, 피아노도 치고 했으니까요. 당시 학생운동에서 태극기를 몸에 두르는 건 일종의 시위문화였어요. 비장함과 애국심의 상징이랄까. 건물 옥상에서 대형 태극기를 펼치며 시위를 하고, 서울대 총학생회장에 출마했던 김중기 선배는 두루마기에 태극기를 두른 채 잡혀갔죠. 87년 6월 항쟁 당시에도 아주 유명한 사진이 있잖아요. 웃옷을 벗어젖히고 태극기를 휘날리는 맨발의 청년 사진이요.

지 / 광주항쟁 때도 그랬죠.

임 / 저도 한번 해보고 싶더라고요.(웃음). 미리 논의했던 건 아니었고요. 시위나 집회를 마무리할 때 태극기를 휘날리곤 했는데, 판문점을 통한 귀환이 저에게는 마지막 일정이었으니까 일종의 엔딩 세리머니처럼 태극기를 둘렀어요.

지 / 북한에서 태극기를 공개적으로 내보이는 건 굉장히 위험한 일이 아니었나 싶습니다. 남한에서 인공기를 공개적으로 휘두를 경우 구속되잖아요.

임 / 다행히 북측에서 별다른 얘기를 안 하더라고요. 89년 평양축전에서 성조기가 휘날리고 태극기가 공개석상에 나온 건 해방 이후 북한에서는 처음 있었던 일이고 아마 그 이후로도 없었을 거예요. 태극기의 경우 아주 정확한 비율로 그렸다고 안기부 직원들이 말하더군요. 안기부에서 조사받을 때 직접 만든 것이 정말 맞는지 그 자리에서 태극기를 그려 보인 적도 있어요.

지 / 대한민국 입장에서는 용기 있는 행동이 아니었나 싶어요. 그쪽 사람들로서는 상상도 못할 일이라 오히려 크게 문제 삼지 않았을 수 있겠네요.

임 / 다만 더워서 태극기를 풀고 있었는데 잠깐 한눈판 사이에 없어졌어요.

지 / 누군가 문제될 것을 우려해 슬그머니 숨긴 건가요?

임 / 아마 그랬을 거예요. 아무튼 그쪽 분들은 태극기를 가지고 저에게 문제제기를 전혀 안 했고, 저도 태극기를 돌려달라는 이야기를 하지 않았어요.

지 / '우리는 독재정부를 비판하는 것뿐이지, 대한민국 자체를 부정하지는 않는다'는 의미로 태극기를 사용한 거잖아요.

임 / 그 시절 우리는 애국심이 철철 넘쳤다니까요(웃음).

지 / 평양에 도착한 첫날 "내 조국 대한민국을 사랑한다. 나는 북한을 동경해서 온 것이 아니다. 북한 체제에 문제가 있다고 생각한다"고 말씀하셨죠. 평양학생소년궁전을 방문했을 때는 소년단원이 목에 걸어준 붉은 스카프를 즉석에서 풀어 탁자 위에 올려놓고 자리를 뜨기도 했죠. 그래서 스카프를 걸어준 아이는 물론 주위 사람들도 크게 당황했다는 일화가 있었어요.

임 / 그냥 어색한 게 싫었어요. 한여름에 스카프 두르면 덥기도 하고요(웃음). 소년단 입단식 행사였는데 식전의례로 음악이 울리고 붉은색 깃발이 펄럭이는 두 대의 자동차가 오고 있었어요. 김일성, 김정일 사진이 있는 깃발이었죠. 그때 안내원 분께 북한 사람들의 정치적 정서에 나를 맞추려 하면 나는 거부감만 생기니 그런 행사일 경우 미리 알려달라고 말하고 행사장을 나왔어요.

지 / 손님으로 와서 예의에 맞지 않는 행동을 한다고 볼 수도 있었을 텐데요.

임 / 오히려 미안하다며 사과하시던데요. 그때 해외동포 기자 중에 안동일 씨라고 재미동포 기자가 계셨어요. 미국 영주권 소지자라 평양을 몇 번 왕래하셨고 북한 사정을 좀 알고 계셨던 분이죠. 그분이 제 발언과 행동을 보시고 '저 여학생이 여기가 어딘데 저런 얘기를 하고 저런 행동을 하나, 저 여학생의 증인이 되어 주어야겠다'는 생각에 저를 밀착 취재하셨대요. 그분이 미주 「세계일보」 기자였는데 임수경 기사를 안 실어줘서 제가 판문점에서 돌아온 후 그분 기사가 「한겨레」에 두 면에 걸쳐 컬러 화보와 함께 실렸어요.

지 / 어린 여학생이라는 점도 감안이 되었겠네요. 나이 든 아저씨 같은 분이 그런 발언을 했으면 거부감이 들 수도 있잖아요.

임 / 어떻게 통제하기 어려운 부분이 있었다니까요. 평양 순안공항에 내리는 순간부터 어느 누구도 의도하지 않았던 그해 여름, 역사의 한 페이지가 되는 일이 벌어진 거죠. 주한미군으로 30년 이상 근속했던 공보관의 인터뷰를 보니 "판문점 근무 중 가장 인상적인 사건은 1989년 임수경 씨가 판문점을 통해 남측으로 넘어왔을 때"라고 했더군요. 당시 연설을 들으며 '한국 젊은이가 이렇게 순수하게 통일을 염원하고 있구나'하고 감동했고 그동안 생각한 정형화된 통일의 개념이 임수경의 순수한 열정 속에서 깨어졌다는 인터뷰 기사를 읽었어요. 저는 그 장면을 못 봐서 모르잖아요.(웃음).

지 / 나중에 녹화된 것도 안 봤어요?

임 / 당시의 감동은 현장감을 느끼며 실시간으로 보아야 크지 않았을까요.(웃음). 귀환 당시를 직접 목격했던 사람들은 그분이든 그 어떤 사람이든 비슷한 감정을 느꼈나 봐요. 아주 특별한 시간이나 사건을 공유한다는 것은 소중한 자산이죠. 특히 지금처럼 남북관계가 경색되었을 때에 더 큰 의미가 있는 것 같아요. 국회의원 신분으로는 여전히 정쟁의 도구로 쓰이지만요.

지 / 하지만 정쟁의 도구로 쓰였는데도 잘 버티셨잖아요.

임 / 4년 내내 힘들었어요. 제가 국회 상임위를 외교통일위원회로 옮겼을 때도 새누리당에서 엄청 시끄러웠죠. 상임위를 바꾸는 건 각 정당 고유의 권한인데 새누리당 최고위원회에서 비판하고 원내대변인 브리핑도 나오고요. 당시 우리 당에서 대통령이 인사를 잘못하고 있다고 한 것에 대한 대응 반응이었죠. 집권여당 원내대변인이 한낱 초선의원의 상임위 교체에 대해 반응할 정도로 제가 비중 있는 인물이었나봐요(웃음)? 분단 70년 동안 남과 북은 적대적 대립 속에서 극한 욕설만 난무했죠. 실제로 총부리도 서로 겨누고 포탄도 왔다 갔다 했잖아요. 이런 상황에서 남과 북이, 나아가 전 세계가 함께 기

임수경을 보기 위해 몰려든 평양 시민들. 캐나다 동포 송광호 기자 촬영 (고려호텔 앞, 1989. 6. 30)

억하는 사건이나 인물이 있다는 건 좋은 일 아닐까요?

지난 어린이날에 우리 당 여성의원님들이 정성을 모아 탈북어린이 학교에 학용품을 전달하러 갔어요. 그때 제가 국회 외통위 소속이라 탈북자 분들의 애로사항이나 건의사항을 들으려고 일부러 통일부 관련 공무원들도 오시게 했고요. 그런데 그분들이 건의사항은 말씀 안 하시고 89년 이야기만 하시는 거예요. 그래서 제가 "그때 얘기는 그만 하시고 의원님들이나 정부에 하고 싶은 말씀을 하세요"라고 말했죠. 하지만 제가 만난 많은 탈북자 분들은 저를 국회의원이 아닌 89년의 임수경을 떠올리면서 그때 얘기들을 하고 싶어 하더군요. 그만큼 그분들께는 굉장히 특별한 기억인 거죠. 임수경이라는 존재가 갈등과 정쟁의 대상이 아닌 남북 간의 거리를 좁히는 계기가 되었으면 해요.

나의 사상은 휴머니즘

지 / 코뮤니즘은 민족주의나 국가주의를 배척하는 건데, 애국주의를 지향하는 것은 모순 아니냐는 얘기도 있더군요. "만국의 노동자여, 단결하라"고 하면서 계급성을 강조하던 시점에서요. 한국의 특수 상황에 기인한 거 아닌가요? 그래서 NL과 PD로 노선이 갈리고요.

임 / 저는 굳이 사상을 말하라면 휴머니즘에 가까워요. 학생운동을 시작할 때부터 왜 저 친구들은 구속이 될까? 왜 탁 치니 억 하고 죽었다고 할까? 왜 최루탄에 맞아 쓰러지고 분신을 할까? 이렇게 당시 80년대 상황에 심정적 저항감이 있었어요. 가장 위대한 주의는 휴머니즘이라고 생각해요. 코뮤니즘이든 사회주의든 어떤 '주의'나 '교조'는 맹목적이에요. 유효기간이 있죠. 그 기간이 지나면 의미가 사라져요. 휴머니즘적 관점에서 저는 인간의 삶에 관심이 많았던 것이지 북한의 체제나 사상, 즉 주체사상에 관심이 있었던 사람은 아니에요. 단지 북한 사람들의 삶과 우리들의 삶, 포괄적으로는 인류 전체의 삶에 관심이 컸어요. 그게 저의 호기심을 자극했죠. 호기심이 너무 각별해서 문제가 되긴 했지만요(웃음).

지 / 호기심 때문에 임수경이라는 사람의 삶이 규정된 거로군요. 북한을 다녀오신 게 본인 인생에서 어떤 의미가 있나요? 후회한 적이 없다고 하셨는데요.

임 / 후회하면 제 인생이 아무것도 아닌 게 되잖아요. 제가 북에서 46박 47일 동안 머물며 최선을 다해서 할 수 있는 걸 열심히 했기 때문에 후회가 없다는 얘기예요. 이렇게 저에게 평생을 업보처럼 따라다닐 거라고는 상상도 못했어요. 바보처럼 그걸 왜 몰랐지? 그런 생각은 가끔 하죠(웃음). 아직도 저를 비난하는 분들이 많죠. 당시의 시대적 상황이나 사건의 실체는 알지 못하고, 알려고 하지도 않고요. 다만 그저 정부의 허가 없이 북한에 가서 김일성을 만났으니 종북이다, 이렇게 맹목적으로 믿는 거죠. 판문점에서 태극기를 두른 사진이 언론에 공개되었을 때도 "북한에 무슨 외국 사람들이 있냐? 조작된 사진이다"라는 얘기도 나왔어요. 그때나 지금이나 저는 이념과 체제보다는 인간적인 삶에 관심이 있는 사람이에요.

지 / 김일성과의 만남은 우리 국민들에게 큰 충격이었죠. 무엇이 가장 기억에 남나요?

임 / 뭐 그렇게 큰 충격이랄 것도 없는데요. 단독 면담도 아니고 170개국의 축전 참가대표 환영만찬 때, 그러니까 170명 중의 한 명이었을 뿐이었어요. 건배하고 인사 나누고, 1분 정도 만난 게 전부예요.

지 / 김일성과 따로 만나 이야기를 나누지는 않았나요?

임 / 만찬장에서 건배한 게 다예요. 저에 대한 비난의 근거로 김일성에게 꽃다발을 바쳤다, 김일성을 아버지라고 불렀다고 하는데 저의 모든 언행과 행적, 당시 북한 보도를 모니터링한 안기부 수사자료에도 나타나듯이 전혀 그런 사실이 없어요. 89년에 안기부에서 조사받고 재판받을 때도 일체 나오지 않았던 내용이고요.

지 / 특별한 게 없네요.

임 / 7월 27일 판문점 귀환이 무산되고 단식농성을 한 후 평양에 다시 돌아왔을 때 제가 김일성 면담을 신청했어요. 그때 북측 사람들이 얼마나 황당했겠어요. 남쪽에서 온 새파란 여학생이 1대 1로 김일성과 만나 판문점 귀환문제를 담판 짓겠다고 하니(웃음).

지 / 하하하.

임 / 여름에는 평양에 안 계신다고 하더라고요. 날씨가 너무 더울 때는 시원한 데 가서 머문다고, 주을온천이라고 했나? 아무튼 면담을 거절당했지만 그런 요청 자체가 불경스럽게 비쳤을 거예요. 게다가 선물 준 것도 놓고 나왔으니까요.

지 / 김일성 선물을요?

임 / "어머, 깜빡 잊었어요"라고 말했어요(웃음). 그러자 어떻게 깜빡할 수가 있냐면서 무척 놀라더군요. 북한 전역에 김일성이 다녀간 곳에는 현지 지도하신 곳, 하루 주무신 곳 등등 푯말이 붙어 있거든요. 일종의 성소처럼 말이죠. 아무튼 저와 함께 지냈던 분들은 무척 힘드셨을 거예요. 정말 고맙고, 미안하고, 그래요. 북한 체제에서는 도저히 받아들일 수 없는 문화적 정서를 이해해주신 거잖아요.

지 / 저는 북한 주민들의 열렬한 호응이 인상적이었어요. 대학생들과 어울리는 장면도 많더라고요. 패션도 화제가 되었다면서요? 일부 언론에서는 하얀 티셔츠에 청바지를 입고 운동화를 신은 캐주얼 복장이 당시 북한에서는 엄청난 문화적 쇼크였다고 하던데요(웃음).

임 / 별거 없었어요. 청바지에 티셔츠, 가끔은 저고리 치마, 머리를 묶기도 하고 풀고 다니기도 하고, 그냥 평범했어요.

지 / 한국에서 가지고 가셨나요?

임 / 몇 벌 가지고 갔어요. 흰 저고리와 까만 치마는 그곳에서 맞춰준 거고요. 해외동포들이 단체복으로 가져온 기념 티셔츠도 몇

개 얻어 입었죠. 사람들이 몰려들어 빠져나가기 어려울 때는 북한 대학생 교복을 입고 나가면 못 알아보니까 교복도 입었어요. 그쪽 분들은 인민복이나 군복 같은 제복 느낌의 정장을 주로 입으니까 오히려 티셔츠가 새롭고 발랄해서 멋있게 보였을 수 있죠.

여운형 선생의 차녀 여원구 여사와 8·15 민족공동행사
(서울 쉐라톤워커힐 호텔, 2002. 8. 15)

시절인연, 모든 인연에는 오고 가는 시기가 있다

지 / 그때 임수경 씨를 보고 남한사회를 동경했다는 탈북자들의 증언도 많아요.

임 / 그렇다고 하더라고요. 면 티에 청바지 차림의 캐주얼 복장, 통제받지 않고 자연스러운 말투, 생기발랄함 등이 북한 젊은이에게 굉장한 충격이었다고 해요. 그리고 90년에 남북고위급회담이 열렸을 때 북한 기자단이 불시에 저희 집을 방문했는데 그때도 많이 놀랐다고 하고요. 임수경은 감옥에 있는데 가족들은 그대로 서울에 살고, 가전제품과 먹을거리가 풍요로웠다고 TV 화면을 보고 다들 놀랐대요. 그런데 북한 체제는 김일성, 김정일을 제외한 모든 사람들의 이름이 알려지지 않고 익명이에요. 직위나 배역으로만 알려지다가 영화 자막에 배우 이름을 처음으로 넣기 시작한 것이 신상옥 감독 때부터래요. 그제야 비로소 배우들에게도 이름이 생겨서 「꽃 파는 처녀」의 꽃분이로만 알던 것이 인민배우 홍영희로 알려지게 된 거죠.

지 / 그 이전에는 자막에 배우 이름이 안 들어갔나요?

임 / 자막 자체가 없었다고 해요. 그런 사회에 이름과 얼굴이 뚜렷이 각인된 '임수경'이 등장한 거예요. 그런 맥락이 있어요.

지 / 방북이 임수경 씨 자신에게는 어떤 의미로 다가오나요?

임 / 저는 불교에서 말하는 '시절인연'에 대한 생각을 많이 해요. 아무리 오랫동안 계획을 세우고 실행에 옮겨도 인위적, 작위적, 인공적으로 이룰 수 없는 삶의 법칙이랄까, 사람 힘으로는 어쩔 수 없는 무언가가 존재한다고 봐요. 89년의 임수경이 그 자리에 있었던 것도 다 이유가 있었다고 생각해요. 물론 그 이유가 정확히 무엇인지는 모르지만 그 자리에 있었고, 있어야만 했던 피할 수 없는 무언가가 있었던 거죠.

지 / 89년 이후 북에서 태어난 아이들 이름에 '수'자를 넣어 수경이, 수향이, 수연이, 이런 식으로 짓는 바람이 불었다고 하더군요. 어찌 보면 북한 당국이 기대했던 것과는 다른 효과를 야기했다고 볼수 있는데, 본인이 북한 주민들에게 어느 정도의 영향을 끼쳤다고 생각하나요? 체제가 생각보다 건고해 흔들릴 정도는 아니었겠지만 탈북한 사람들에게 동기부여가 되기도 했잖아요. 북한 주민들 사이에 '남조선이 우리가 알고 있던 것과는 다르네' 하는 생각을 심어준 장본일 수도 있는데요.

임 / 아마도 제가 북한 사람들의 손을 제일 많이 잡아본 사람이 아닐까 싶어요. 한꺼번에 그렇게 많은 사람들을 만난 것도 그렇고요. 제가 의도한 것은 아니지만 저를 보면서 대한민국을 자유와 인권이 보장된 동경의 세상으로 알고 탈북했다는 분들도 있어요. 제가 가장 신경 쓰고 포용해야 하는 분들이 바로 그분들이죠. 한동안 제가 탈북자 관련해서 맹목적인 비난에 휩쓸려 여력이 없었는데 국회의원 의정활동을 통해 제 생각을 실천하려고 노력했어요. 저에 대한 일부 탈북자들의 증언 중에는 사실과 매우 다른 부분도 많아요. 왜곡되거나 과장된 경우도 있고, 피해의식에 기반한 날조된 사실도 있지만 거기에 일일이 대응하고 싶은 생각은 없어요. 그분들은 여전히 우리 사회가 보호해야 할 사회적 약자니까요.

지 / 자유를 찾아서 남으로 넘어온 분들 중에 통일운동이나 평화운동에 반하는 활동을 하는 분들도 있잖아요. 그분들에 대해서는 어떻게 생각하세요?

임 / 분단이라는 기형적 사회체제가 만들어낸 풍경이죠. 그분들의 삶의 방식이 그러지 않았으면 참 좋겠다는 생각은 해요. 하지만 비난할 수는 없어요. 이곳에서의 삶이 그런 활동을 통해서만 영위되어야 한다면 우리 사회가 잘못된 시스템을 가진 거죠. 다만 그분들을 이용하여 정치적 목적을 달성하기 위해 불순한 의도로 이용하는 세력은 단호하게 단죄되어야 하고요. 결국 그분들이 북한에서 살기 어려운 상황에서 남한을 선택하는데 사회적 무관심, 법에 대한 무지 등으로 안정적으로 우리 사회에 적응하는 게 쉽지는 않거든요. 이런 현상이 모두 분단이라는 기형적 체제 때문이고 이를 극복하기 위해서는 결국 분단을 해소하는 수밖에 없어요.

지 / 47일 동안 북한에 머물면서 평범한 주민들을 많이 만나셨을 텐데요. 평소 북쪽 사람들에 대해 느꼈던 것과 달리 직접 만나보았을 때의 느낌은 어떻게 다르던가요?

임 / 소설가 황석영 선생님이 북한을 방문하고 『사람이 살고 있었네』라는 책을 쓰셨잖아요. 저는 그 제목이 가슴에 많이 와 닿았어요. 그곳 사람들도 우리와 똑같은데 왜 뿔이 달리고 얼굴이 빨간 괴물이라고 생각했을까 싶어서요. 판문점 북측 지역 통일각에서 단식을 할 때 북한 군인이 보고하는 걸 들은 적이 있는데 "미군이 한 명, 괴뢰군이 한 명 있다"고 하더군요. 우리가 북한 괴뢰라고 부르듯이 그들도 우리를 괴뢰라고 하는 거죠. '사람이 살고 있었네'라는 표현처럼 북한 사람들도 저를 보면서 '남조선에도 사람이 살고 있다'고 느끼지 않았을까요?

그쪽 역시 우리가 미제 앞잡이에 생지옥에서 살고 있다고 알았겠

코리아의 평화와 통일을 위한 국제평화대행진 (1989. 7. 23)

죠. 우리 신문에 정치부, 사회부가 있듯이 「로동신문」에는 남조선부
가 있어요. 「로동신문」과 TV뉴스에서 남한 관련 소식을 보도할 때면
매번 시위하고 경찰과 대치하는 장면만 나와요. 그렇게만 알고 있다
가 어느 날 어리고 앳된 여학생이 찾아와서 매일 TV뉴스에 나오니
여동생 같고 딸 같고 혹은 언니, 누나 같다는 느낌이 들었던 거죠.
얼마나 신기하고 의아했겠어요. 아마 북녘에도 많은 분들의 기억 속
에 그해 여름의 47일은 각별한 추억으로 남아 있을 거예요.

지 / "구속될 줄 뻔히 알면서 왜 남한으로 돌아가려 하느냐?"는 질
문에 "남한으로 돌아가는 건 아주 자연스러운 일이다. 그곳은 내가
태어나고 자란 사랑하는 고향이다"라고 말씀하셨죠?

임 / 너무나 당연한 일이었죠. 사실 저는 그런 질문 자체를 이해하

지 못했어요. 나는 평양에서 열리는 세계청년학생축전에 참가했을 뿐이고 일정이 끝나면 돌아가야 하는 것이 당연하다고 생각했기 때문에요. 북녘의 청년학생들을 만나보고, 한반도의 분단상황을 외국 청년학생 참가자들에게 알리는 것이 목적이었고, 당시 제가 북한에 갔던 핵심 목적은 판문점을 통해 귀환하는 것이었으니까요. 민간인 최초로 북에서 남으로 걸어서 귀환함으로써 분단을 저렇게 한 걸음에 넘을 수 있구나 하는 걸 보여주고 싶었죠. 그 이후에 많은 사람들이 드나들고 판문점으로 가는 길이 넓어졌잖아요. 정주영 회장은 소 떼를 몰고 갔고, 노무현 대통령도 군사분계선을 걸어서 넘어 정상회담을 했고요. 지금은 닫혔지만 개성공단으로 가는 통근버스도 매일 다녔죠.

지 / 학생운동 시절에 평양축전에 참가했기 때문에 당시 군사정권을 비판하고 반미적 발언도 하셨잖아요. 돌이켜보았을 때 현직 국회의원으로서 부담이 되는 점은 없었나요?

임 / 있죠. 아주 많았어요(웃음).

지 / 예전에 학생운동을 하면서 발언한 것과 북한에서 발언한 영상을 보면 온도 차가 크죠.

임 / 제 발언은 80년대 학생운동 차원에서 논의된 수준 그 이상도 이하도 아니었어요. 그 시절 옳다고 생각했던 것들이 지금에 이르러서는 격하게 들릴 수 있죠. 시대적 상황이 달랐던 것으로 이해해주시면 좋겠네요.

지 / 사람들이 많은 집회현장에서 감정에 사로잡히면 발언이 과격해지기도 하잖아요. 그게 유튜브에 올라 있으니까 악플이 많고 일베 같은 데서 공격하기도 하더군요.

임 / 얘기는 들었는데 직접 본 적은 없어요. 제 정신건강을 위해서 요(웃음). 그런데 자꾸 날조된 내용이 인터넷에 퍼지고 해서 사이버수 사대에 최초 유포자에 대한 수사를 의뢰했어요. 대학교 4학년 여학 생이 당시 북한의 최고지도자였던 김일성을 만난 건 요즘 식으로 말 하면 쿨한 일 아닌가요(웃음)? 누구처럼 캄캄한 밤에 잠수정 타고 몰 래 간 게 아니잖아요. 그런 게 진짜 밀입북이죠. 그랬던 사람들이 지 금은 오히려 저를 욕하더라고요. 저는 대한민국 여권을 들고 공항을 통해 공개적으로 출입국했어요.

평양 시내에 있는 김일성광장 주변에는 '위대한 수령 김일성 동지 만세'라고 여기저기 걸려 있어요. 우리나라에서 반공교육을 받은 입 장에서는 섬뜩할 정도로 긴장감이 도는 곳인데 거기서 방송차 위에

올라가 「전대협진군가」를 불렀어 요. 정말 쿨하죠(웃음)? 하지만 저는 그렇게 담대한 사람이 아니에요. 지금도 아주 예민하고 소심한 소 문자 a형이죠. 당시에는 최선을 다 해 저의 역할을 수행한 것일 뿐이 고요. 질풍노도의 시기였기에 가 능한 일이기도 해요. 8월 14일 평 양시 환송대회 때는 오픈카로 시 내를 돌면서 작별인사를 했는데 아무런 원고나 사전준비 없이 마 이크를 잡은 거라 나중에 안기

평양 시내 카퍼레이드 환송인사 (1989. 8. 14)

부 진술서를 쓸 때 하나도 기억이 안 났어요. 나중에 KBS「인물현대사」에 나온 마지막 인사 장면을 보니 내용이 기가 막히게 감동적이더라고요(웃음).

"통일은 너와 내가 있을 수 없으며 바로 우리가 있을 뿐입니다. 통일에는 낮과 밤이, 여름과 겨울이 있을 수 없으며 바로 우리의 삶 전체가 있을 뿐입니다. 끊어진 민족의 핏줄을 잇듯이, 끊어진 역사를 잇듯이, 하늘과 땅을, 두만강과 낙동강을 이어갑니다."

제 3 부

길이 없으면 길을 만들며 간다

한여름 땡볕과 고요한 정적 속의 매미소리

지 / 7월 27일 정전협정 체결일에 판문점으로 귀환하려는 계획이 연합군 측의 거부로 무산되었을 때 평화대행진 참가자들과 단식농성에 돌입했죠?

임 / 애초에 서울에서 준비할 때 7월 27일에 귀환하고 여의치 않을 경우 8월 15일에 귀환한다는 계획을 세웠어요. 문익환 목사님이 판문점 귀환을 추진했지만 북측 만류로 베이징과 도쿄를 거쳐 서울로 돌아온 전례가 있기 때문에 혹시라도 판문점을 통한 귀환이 받아들여지지 않으면 단식농성에 돌입할 계획도 있었고요. 당시에는 단식농성이 시위의 한 방식이었거든요.

단식농성은 유엔 중립국 감독위원회를 대상으로 한 게 아니라 남한 정부와 북한 당국에 대한 항의였어요. 단식과 더불어 판문점 북측지역 통일각에서 일종의 점거농성을 한 거죠.

판문점 북측 지역 통일각에서 6일간 단식농성 (1989. 7. 31)

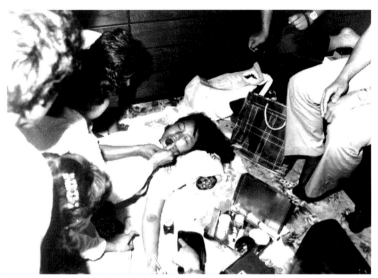

단식 농성 중 탈진 (1989. 8. 2)

비무장지대 안에서 군인이 아닌 민간인이, 그렇게 많은 사람들이 오래 머물렀던 적은 유사 이래 없었어요. 저와 문규현 신부님, 국제 평화대행진단 참가 외국인들, 북한 대학생들, 해외동포들까지 한 100 명 정도가 함께 했어요. 6일째 되는 날 제가 탈진을 해서 단식을 중단하고 평양에 다시 돌아가 잠시 병원에 있다가 나왔어요. 그때 북한의 학부모들이 애들 걱정에 찾아오고 난리도 아니었어요. 북한에서는 해방 이래 최대의 사변이라고도 했고요.

지 / 북한 측에서는 그런 방식의 항의를 처음 봤을 텐데요. 먹을 것도 없는데, 굶는 걸로 항의를 한다니까(웃음).

임 / 그때는 지금처럼 먹을 게 아주 없던 시절은 아니었고요. 89년까지만 해도 북한 경제상황이 지금처럼 나쁘지는 않았죠. 통일각은 남북회담을 할 때 쓰는 곳인데 단식농성장으로 쓴 거예요. 카펫이

깔려 있는 최고의 농성장이었죠(웃음). 89년 5월에 광주 조선대학교 이철규 열사가 저수지에서 변사체로 발견되었을 때 사인 진상규명을 촉구하는 단식농성을 대규모로 했어요. 명동성당에서 천막을 치고 했는데 낮에는 무덥고 밤에는 추웠죠. 그에 비해 통일각은 아주 조건이 좋은 농성장이었어요. 저에게는 낯설지 않은 시위의 한 방식이었지만 북한에서는 있을 수 없는 일이었죠. 그러다가 제가 탈진하자 철수했어요. 사실 단식이 1주일 이상은 힘들어요.

지 / 지율 스님 같은 경우는 100일 가까이 하셨잖아요(웃음).

임 / 그분은 수행자, 구도자이시고 정말 생명을 거셨죠. 저는 주장을 좀 더 강하게 표현하기 위한 수단이었지 생명을 거는 건 아니었어요.

지 / 6일 동안 단식하다가 건강 문제로 평양으로 가셨어요. 그러면 8월 초였고 그 이후부터 8월 15일까지는 대기 상태였나요?

임 / 평양외국인병원에 1주일 입원했다가 판문점 귀환 하루 전날 개성으로 내려왔어요.

그동안은 평양 인근을 다니며 평양산원도 가고, 창광유치원도 가고, 장충성당에서 미사도 드리고, 북한이 자랑하는 교예(서커스)도 봤어요. 북한 대학생들하고 환송 야유회도 했네요.

판문점 귀환을 앞두고 평양시 대학생 주최 환송 야유회 (태성골프장, 1989. 8. 13)

8월 15일 오후 2시 22분, 분단의 벽을 넘다

지 / 8월 15일에 귀환을 할 때는 이번에는 통과해도 좋다고 얘기가 되었나요?

임 / 판문점에 있는 동안 북측과 유엔군 사령부 사이에 접촉이 있었어요. 8월 8일에 정식회담을 해서 유엔사에서 공식적으로 안 된다, 받아들일 수 없다고 하는 걸 TV로 봤어요. 7월 27일에는 군사분계선까지 나가지도 못했지만 8월 15일에는 무조건 간다는 마음이었고, 개성 시민들에게도 평양에서처럼 방송 차에 타고 작별인사를 했는데 외신기자들의 취재경쟁이 정말 치열했어요. 정말로 판문점을 통해 갈 수 있을까 궁금했나봐요. 군사정전위원회 관계자가 비무장지대에 1시까지 들어가기로 남쪽과 약속이 되어 있으니 서두르라고 하는 말에 이번에는 정말 갈 수 있나보다 생각했죠.

지 / 그 길을 걸어 내려오면서 만감이 교차했겠네요.

임 / 1989년 8월 15일 오후 2시 22분이었어요. 정말 무덥고, 햇볕이 강렬했죠. 아마 문규현 신부님이 안 계셨으면 저 혼자서는 판문점 통과를 강행하기 어려웠을 것 같아요. 신부님 손을 꼭 잡고 군사분계선을 넘었어요. 가는 길은 멀었지만 오는 길은 단 몇 초에 분단의 벽을 넘어섰죠.

지 / 판문점을 통한 귀국 과정에서 문규현 신부님의 지원이 절대적이었군요. 당시 천주교 정의구현전국사제단의 지원은 어떻게 이루어졌나요?

임 / 문규현 신부님은 미국 영주권자여서 이전에 평양 장충성당을 방문해서 남북통일염원미사를 봉헌한 적도 있으셨어요.

제가 여론에 의해 워낙 매도를 당한 상태에서 당시 저는 천주교 신자였고 주일학교 선생님도 한 적 있고 해서 정의구현사제단 신부님들이 각별히 애정과 관심을 갖게 되었다고 해요. 어려움에 있는 사람과 더불어 있고자 하는 사목적인 배려, 양 떼들의 아픔에 동참하는 사제들의 결단이라고 했죠. 그때 굉장히 파장이 컸어요.

　함세웅, 문정현, 남국현 신부님, 이렇게 세 분이 의논을 하셨고 문규현 신부님은 미국에 계셨으니까 논의과정에는 없으셨다고 해요. 당시 안기부에서는 저의 방북을 북한에 의한 공작으로 몰거나 간첩단 사건으로 왜곡하려고 했어요. 상황이 그렇다 보니 천주교 신부님들이 지지 및 연대 차원에서 제게 힘을 실어주는 걸 무척 경계했다더군요. 결국 북한에 갈 조건이 되는 문규현 신부님이 저를 위해 오신 거죠. 문 신부님은 "왜 나야? 왜 내가 가야 돼? 나는 가기 싫다"고 하셨대요.(웃음) 북한 당국으로서도 신부님이 오는 게 흔쾌하지 않았던 상황이었어요. 자기들은 공식적으로 정전협정을 위반한 적이 없다고 주장하는데, 제가 판문점을 통해서 귀환할 경우 전 세계가 지켜보는 가운데 정전협정을 위반하는 게 되니까요. 그래서 제3국을 거쳐서 가라고 하던 차에 신부님이 오시면 메시지의 의미가 강해지잖아요. 북측에서는 저와 문규현 신부님 만나는 걸 만류하는 분위기였죠.

　지 / 1989년 8월 15일 문규현 신부님과 함께 판문점을 통해 걸어서 귀국했잖아요. 당시 상황이나 심경은 어땠나요?

　임 / 그 전날 개성에 도착해서 1박을 한 뒤, 오전에 사람들과 인사를 나누고, 짧은 집회 형식의 환송모임을 가졌어요. 그때 판문점까지 여운형 선생 따님인 여연구 조국통일민주주의전선 의장과 대학생들이 함께 해주었는데, 그분들이 하염없이 울어서 저도 따라서 많이 울었어요. 거기서 이제 군사분계선을 넘어야 하는 일만 남았죠. 사실 군사분계선은 어마어마한 철조망이나 콘크리트 장벽이 아니라 폭 50센티미터 정도의 낮은 시멘트 덩어리예요. 이 선을 넘기 위해 그렇게 오랜 세월 많은 사람들의 눈물과 설움이 필요했나 생각이 들면서 감정이 북받쳤어요. 또 돌아가면 바로 체포되어 구속될 상황이라 비장함, 절박함 같은 게 있었죠. 외신기자들은 군사분계선 남측 지역과 북측지역을 왔다 갔다 하는 게 허용되더군요. 군사분계선 위에 올라서서 성 프란체스코의 「평화의 기도」를 바쳤어요. 그때 어떻게 그런 생각이 떠올랐는지 모르겠어요. 제가 평소에 외우던 기도문도 아닌데 마치 방언처럼 터졌던 것 같아요. 읽어만 보았을 뿐 외워본 적은 없거든요. 기도문 내용이 참 좋아요.

나를 당신의 도구로 써주소서.
미움이 있는 곳에 사랑을, 다툼이 있는 곳에 용서를,
분열이 있는 곳에 일치를, 의혹이 있는 곳에 신앙을,
그릇됨이 있는 곳에 진리를, 절망이 있는 곳에 희망을,
어둠이 있는 곳에 빛을,
슬픔이 있는 곳에 기쁨을 가져오는 자 되게 하소서.
위로받기보다는 위로하고, 이해받기보다는 이해하며,
사랑받기보다는 사랑하게 하여 주소서.
우리는 줌으로써 받고, 용서함으로써 용서받으며,
자기를 버리고 죽음으로써 영생을 얻기 때문입니다.

분단의 경계선에서 할 수 있는 최고의 기도였죠. 그 모습을 보고

천주교 신자들과 신부님들이 매우 감동하셨대요. 작위적으로 외운 게 아니고 자연스럽게 기도가 나오는구나 싶어서 울림이 컸다더군요. 문규현 신부님의 기도도 정말 좋았어요. 분단의 서러움으로부터 이 불행한 민족을 지켜달라는 내용의 기도였어요. 그러고 나서 "안녕히 계세요" 하고 남측지역으로 넘어왔어요.

북측지역은 환송인파와 취재열기로 엄청 시끄럽고 분주했는데 남측지역은 두 명의 군인, 한 분은 미군이고 한 분은 한국군이었는데, 너무 한가하게 서 있는 거예요(웃음). 그래도 한국 군인은 절도가 있는데 미군은 허리에 손을 올리고 빙글빙글 웃으며 '넘어오지 말고 가라'는 손짓을 하더군요. 저는 청바지 뒷주머니에서 주민등록증을 꺼내 보여주면서 "나는 대한민국 국민이고 서울 시민인데 날 보고 어디로 가라는 건가요" 했죠. 문규현 신부님이 제 손을 꼭 붙잡고 걷기 시작했어요. 더 내려오니까 한국군 소령이 더우니까 차를 타고 가자고 하더군요. 비무장지대가 끝나는 지점에서 미군이 영어로 다시 경고를 했어요. "여기서는 온 곳으로 다시 돌아갈 수 있지만, 더 가면 체포될 것이다. 아직 당신들에게는 다시 돌아갈 자유가 있다." 우리는 계속 가겠다고 했고 그래서 거기서부터는 봉고차에서 내려서 걸어왔는데 안기부 수사관들이 다가오더군요. 먼저 몸수색을 했지만 나오는 게 별로 없었어요. 주민등록증이랑 냅킨 두 장이 주머니에 들어 있었죠. 그게 나중에 압수품이라고 발표했는데 웃겼어요. 냅킨에 '조선, 평양'이라고 적혀 있어서 매우 중요한 증거물이라는 거예요. 평양 순안공항에 도착했을 때 환영인파에 휩쓸리는 바람에 신발 한 짝을 잃어버려서 북측에서 제공한 운동화를 신고 있었는데 그 운동화도 굉장히 중요한 증거물이었어요(웃음).

판문점 군사분계선 위에 올라 성 프란체스코의 「평화의 기도」를 바쳤다. (1989. 8. 15. 2시 22분)

지 / 판문점을 넘을 때의 매미소리가 아직도 기억난다면서요.

임 / 환송하려고 사람들이 많이 나와 있었는데 다들 울고 "수경이, 잘 가라" 소리 지르고 그랬죠. 한참을 걸어 내려오니 점점 그 소리는 멀어지고 군사분계선 남쪽은 너무나 조용하고 한가로웠어요. 거기서부터 매미소리가 들렸어요. 한여름 땡볕과 고요한 정적 속에 울려 퍼지던 매미소리. 아직도 생생해요.

꽃에도 수정을 채우나, 지나가는 바람이 눈물지운다

지 / 문규현 신부님이랑 같은 사안이었는데 조사는 다른 곳에서 이루어졌죠?

임 / 귀환 직후 안기부 수사관들에게 넘겨져 헬기를 탔는데, 신부님은 치안본부(경찰)로 갔고 저는 안기부로 갔어요. 거기서부터 헤어지게 된 거죠. 헬기가 내린 곳은 남산 국립극장 앞 공터였어요.

판문점 귀환 직후 경찰 헬기로 남산 국립극장 앞 하강 (1989. 8. 15)

헬기 안에 신문이 있기에 "신문 좀 봐도 되나요?" 물었더니 '쟤 뭐냐?' 하는 눈길로 쳐다보더군요. 그래서 포기했죠. 지금 생각하면 너무 웃겨요. 어떻게 그 상황에서 신문을 보겠다는 생각을 했는지(웃음).

헬기에서 내려 연행, 한겨레 이종찬 기자 특종사진 (남산 국립극장 앞, 1989. 8. 15)

지 / 수사관이 북한에 갈 만한 캐릭터라고 생각했겠네요(웃음). 가는 동안 무슨 얘기를 나누었나요?

임 / 아무 얘기도 안 했어요. 헬기 소리가 워낙 시끄러운 데다 금방 도착했으니까요. 20~30분밖에 안 걸렸어요.

차편으로도 판문점에서 서울 시내까지 1시간밖에 안 걸리잖아요. 헬기가 뜨자마자 내린 셈이죠. 그때 「한겨레」 이종찬 사진기자가 특종을 했어요. 헬기가 국립극장에 내릴 것 같아서 대기했었대요. 헬기에서 내리자마자 승용차를 타고 이동하는 걸 찍은 유일한 사진이죠.

지 / 도착 후 바로 수사를 하던가요?

임 / 일단 서울대병원으로 갔어요. 검진이 목적이 아니라 조사기간을 연장하려는 꼼수였죠. 바로 안기부로 가면 48시간 내에 구속영장을 청구하고, 영장이 나오면 구속을 집행해야 하는데 그 경우 조사시간이 48시간밖에 주어지지 않으니까요. 8월 15일에 돌아와 병원에서 사흘 조사받고 남산 국가안전기획부로 옮겨져 또 48시간 조사받고, 구속영장은 8월 20일에 집행했으니 5일 동안 불법감금을 당했던 거죠. 영장집행은 안기부가 아니라 인근 중부경찰서에서 했는데 이때 처음 언론에 공개되었어요. 그때 수갑 찬 사진을 보고 문익환 목사님이 「세상 어디에도 없는 꽃이여」라는 시를 쓰셨어요.

백범 김구 선생이 밟고 가셨던 길
이번엔 네가 밟고 건너왔구나
아 예뻐라! 예뻐라!
세상 어디에도 없는 꽃이여

꽃에도 수정을 채우나
꽃도 거짓말을 하는가
지나가던 바람이 눈물지운다

지 / 병원에서는 건강 상태를 검진했나요?

임 / 환자복 입고 조사만 받았어요. 간호사는 밥만 갖다주고요. 그런데 대부분 조사가 이미 되어 있더라고요. 북에 있었던 한 달 반 동안의 행적은 물론 전대협과 학생운동 관련 인물들에 대해서도 조사를 다 해두고 확인 절차만 남았던 거죠. 안기부에서는 해외 전위조직을 포함한 간첩단 사건으로 만들고 싶어 했지만 사실이 아닐뿐더러 제가 그럴 만한 위치에 있는 것도 아니라서 수사는 계속 겉도는 상황이었어요.

지 / 사실 군사정권 시절에는 간첩단 사건을 쉽게 조작했잖아요.

임 / 제가 일본에서 머무는 동안 조총련 사람들을 만난 뒤 만경봉호를 탔다고 하더군요. 그런 적 없다고 했지만 계속 우기는 거예요. 반복해서 그런 얘기를 들으니까 '내가 정말 만경봉호를 탔나?' 생각되더라고요. 물리적 고문은 없었는데도 그런 식으로 피폐해지는데 만약 두들겨 맞고 전기고문을 당하고 하면 수사관이 원하는 대로 자백할 수도 있겠구나 싶었어요. 만경봉호는 일본 니가타와 원산을 오가는 배인데 지금은 중단되었지만 당시에는 운행되고 있었어요.

지 / 비행기로 갔다는 걸 파악하고 있었을 텐데요?

임 / 일본에서 1주일 동안 뭘 했냐는 거죠. 당시 행적을 어떻게든 조총련 사람들과 연결시키려 한 거예요. 저는 그냥 도쿄 거리를 지하철 타고 돌아다닌 것밖에 없는데요. 나중에는 알지도 못하는 만경봉호 내부가 눈앞에 그려지더라고요. 그렇게 안기부에서는 어떻든 자기들 입맛대로 연결시키려 했지만 실패했죠.

남산, 그리고 먹방

지 / 안기부 조사는 어떻게 진행되었나요? 검찰에서 가혹행위하지 말라고 요구했다면서요. 당시 상황에서 검사의 요구는 이례적이고, 안기부가 검사 말을 잘 듣지도 않았잖아요.

임 / 국내외적으로 굉장히 주목을 받고 있던 사건이니까요. 앰네스티도 처음부터 관심을 보였고 스탠리 포크너라는 미국 변호사를 중심으로 외국 변호인단까지 구성되어 있었어요. 외국인의 눈으로는 대학생이 북한에 갔다 왔다고 구속되는 상황이 이해가 안 가는 거죠. 세계 인권단체들도 문제제기를 하고 있어서 함부로 저를 대할 수는 없었다고 생각해요.

그래도 굉장히 힘들었죠. 100촉짜리 백열등 두 개를 켜놓고 24시간 잠을 안 재우면서 계속 조사를 진행했으니까요. 밥을 먹을 때도 이게 아침밥인지, 점심인지, 저녁인지 모르겠더라고요.

지 / 생각해보니 엄청난 가혹행위였네요.

임 / 지하 맨 안쪽 밀실에서 조사를 받았어요. 처음 하루 이틀 정도는 시간 감각이 어느 정도 있었지만 나중에는 5분이 흘렀는지 다섯 시간이 흘렀는지 감이 안 오더라고요. 안기부 수사관은 계속 반복해서 말했어요. 배후를 밝히지 않으면 너는 평생 여기서 못 나가고, 너 하나쯤 안 나가도 아무도 모른다, 그러면서 6개월이 걸리든 1년이 걸리든 저를 조사해 진상을 밝힐 거라고 했어요. 그런 말을 계속 들으니까 암담한 거예요. 수사관들도 3교대를 하는지, 2교대를 하는지 모르겠지만 한번 들어오면 안 나갔어요. 계속 불을 켜놓고 잠시 재우다가 의사가 검진을 오면 이제 하루가 갔나 싶었죠. 처음에는 의사 검진 때 수사관이 함께 있었는데 좀 지나자 수사관이 없는 날도 있었어요. 하루는 의사선생님이 제게 사과를 주더라고요. 힘내라면서 사과 한 개를 줬어요.

지 / 왜 사과를 줬을까요?

임 / 미운 놈 사과 한 알 준 건가(웃음)? 호감의 표시였겠죠. 그 다음 날 바로 의사가 바뀌더군요. 말 한마디 건네지 않는 무뚝뚝한 군인 아저씨 스타일의 의사로 바뀌었어요.

지 / 사과를 준 걸 알았군요. 녹화를 하고 있었던 건 아닌지.

임 / 어떻게든 알았겠죠. 제가 조사를 받던 방에서는 주로 거물들을 조사했대요. 이수근, 김현희, 문익환 목사님 모두 그곳에서 조사를 받았다고 해요. 남산 국가안전기획부 건물에 들어갈 때 고개를 완전히 숙이라고 하더군요. 내부의 건물이나 구조를 볼 수 없도록 그랬던 것 같아요. 지하실로 내려갔는데 복도 양쪽으로 조사실이 있었어요. 제일 안쪽 끝 방으로 가는 동안 고함소리, 비명소리, 구타하는 소리가 계속 들렸어요. 그러자 공포에 사로잡혔죠. 안기부에서는 피의자를 위축시키기 위해 일부러 군복을 입게 해요. 그런데 저는 그 때 젊은 추리닝을 주더라고요. 군복이 아니라 추리닝을 입은 것만 해도 안기부에서 대접을 잘 받은 거라고 하더군요. 나중에 부모님이 면회하는 사진이랑 김현희 만나는 사진이 언론에 공개되었는데 그 때 입은 추리닝이에요. 그런데 제가 안기부에서 국가보안법 위반으로 수사를 받는 자리에 김현희가 왜 오죠? 테러리스트 아닌가요? 수백 명의 무고한 노동자들 목숨을 앗아간 김현희는 구치소에 단 하루도 수감된 적이 없어요. 사면 복권도 금방 되었고요. 그런 사람이 국가안전기획부 지하수사실로 저를 면회 온다는 게 말이 되나요? 안기부가 나중에 "임수경을 회유하기 위해 김현희와의 만남을 주선했으나 워낙 사상이 투철해서 바뀌지 않더라"고 발표했어요.

제가 조사받은 방은 그냥 먹방이었어요. 안기부에서 조사를 받았던 다른 분들은 식판에 밥을 먹고 복도에 내다놓거나 화장실 가는 도중 다른 사람들을 만나기도 했다던데 저는 침대와 화장실이 안에 있는 조사실이라 문 밖에 일체 나가지 못했어요. 13명의 수사관이 한꺼번에 들어온 경우도 있었고 9월 8일 검찰로 송치되기까지 안기부에서 계속 조사를 받았어요. 너 때문에 여름휴가를 망쳤다, 그런 얘기도 하더군요. 안기부 사람들은 7, 8월 내내 비상이었던 모양이에요. 계속해서 잠 안 재우고 똑같은 질문이 계속 반복되었지만 큰 그림을 그려 엮을 만한 특별한 뭔가가 나오지는 않았어요.

지 / 안기부 수사 발표는 어땠나요? 각 신문마다 전면에 걸쳐서 아주 상세하게 보도가 되었던 걸로 기억이 나는데요.

임 / 북한 공작에 의한 것으로 안기부 수사결과를 발표했지만 검찰 공소장에는 그 내용이 빠졌어요. 저는 감출 게 아무것도 없었어요. 북한에서의 제 행동, 방문한 곳, 만난 사람들이 조선중앙방송과 평양방송을 통해 전부 보도되었으니까요. 늘 많은 사람들과 함께 공개적인 장소에 있었기 때문에 수사관들은 날짜별로 행적을 다 알고 진술서를 미리 만들어두었어요. 저는 일일이 기억을 못하다가도 "맞다. 여기 갔었다, 이런 얘기를 했다" 하고 인정할 건 인정했어요. 모르는 것은 모른다고 했고요. 북한에서의 행적이나 말한 내용을 근거로 어떻게든 국가보안법상의 찬양고무죄를 적용해서 사건을 크게 부각시키려는 의도도 보였어요. 아무튼 저는 아무것도 숨기지 않고 있는 그대로 진술했어요.

당시 안기부 수사 발표에 대해서는 할 말이 정말 많아요. 안기부는 89년 9월 9일에 수사 발표를 했는데, 큰 제목이 '북한의 공작'이었어요. 하지만 북한의 공작이라는 증거를 하나도 내놓지 못했죠. 관련 참고인으로 63명을 조사했고, 19명을 구속했는데 그중 실제로 이 사건 관련으로 재판을 받은 사람은 호주교포 치과의사 김진엽 씨 딱 한 명에 불과해요. 다른 사람들은 우선 임수경 사건으로 엮어서 구속시킨 다음 나중에 '이적표현물 소지' 등 다른 죄목을 적용했어요. 그 시절에는 책 한 권으로도 국가보안법 위반이 되었으니까요. 어이없는 건 안기부 수사자료에 저는 제2피의자이고 제1피의자는 따로 있었어요. 해외 전위조직과 연계를 시키기 위해 제1피의자로 재유럽민족민주운동협의회유럽민협 어수갑 씨를 지목했어요. 그분은 제가 서베를린 공항에 내렸을 때 마중을 나온 분인데 제1피의자 어수갑 씨는 기소중지, 제2피의자 임수경은 구속 의견을 낸 건데 검찰에서 제1피의자는 쏙 빠지고 피고인 임수경 단독 행위로 기소했어요. 그래서 맨 위에 김일성 및 북한 조국평화통일위원회조평통에서 시작하고 중간에 해외 전위 조직들이 열거된 후 임수경으로 끝나던 안기부 그림표는 검찰 공소장에서 없어졌고요.

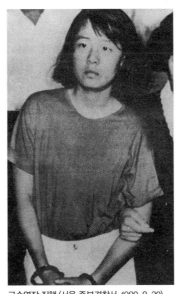

구속영장 집행 (서울 중부경찰서, 1989. 8. 20)

지 / 당시 대공수사국장이 정형근이었죠? 만나본 적 있나요?

임 / 한 번 왔어요. 그때는 누군지 몰랐는데 어떤 사람이 들어오자 수사관들이 다들 벌떡 일어났어요. 저한테 쌍욕도 하고 그랬어요 (웃음).

지 / 재판받는 과정에서 정형근 씨라는 걸 알게 된 건가요?

임 / 얼굴을 기억하고 있다가 나중에 매스컴을 통해 알았어요. 귀에 기다란 침을 꽂고 와서 비아냥거리며 "네가 전대협 대표야? 네가 대한민국 학생들 대표야? 네가 영웅이야?" 뭐 이런 식으로 말했어요.

지 / 그때 수사관들 중 이후에 다시 만난 사람도 있나요?

임 / 없어요. 어디서 만나겠어요. 제가 서강대학교 언론대학원을 다녔는데 재학생 중에 안기부 직원도 있었어요. 그들은 안기부라고 안 해요. 세기문화사 다닌다고 했던가. 한 반에 세기문화사 직원이 서너 명씩 있었어요.

지 / 돌아가신 김근태 의원도 고문당할 때 옆에서 "우리 애 오늘 소풍 가." 이렇게 말하는 걸 들었다더군요. 그 일화를 들으면서 독일 태생 정치철학자 한나 아렌트가 『예루살렘의 아이히만』에서 언급한 '악의 평범성'이란 말이 생각나더군요.

임 / 저도 그런 경험 있어요. 저를 그렇게 무섭게 다그치다가도 자기들끼리 수사 끝나면 휴가를 어디로 갈까, 태국으로 갈까 제주도로 갈까 하더라고요.

지 / 중부경찰서에는 왜 갔나요?

임 / 구속영장 집행하러 간 거예요. 국가안전기획부는 비공개 장소라 남산을 관할하는 중부경찰서 유치장에 20분 정도 입감된 상태에서 영장 집행을 하고 바로 나왔어요. 사진 찍어야 되니까 조금 참으라면서 그때 처음 수갑을 채우더군요. 저녁 8시쯤 수갑을 차고 차에서 내렸더니 카메라 플래시가 여기저기서 번쩍거렸죠. 정말 어마어마하게 많은 사진기자들이 기다리고 있었어요. 눈을 못 뜨겠더라고요. 다시 안기부로 끌려가는데, 누가 뒤에서 "수경아!" 하고 부르는 거예요. 아는 사람인가 싶어 뒤돌아보니 사진을 미처 못 찍은 기자가 사진 찍으려고 불렀던 거예요(웃음).

지 / 9월 8일에 검찰로 송치되어 서울구치소에 수감되었네요.

임 / 검찰 조사 받고 밤 12시가 다 되어 서울구치소에 도착했는데 구슬비가 내리더군요. 구치소 입구부터는 외부인이 못 들어가기 때문에 여자 교도관이 저를 데리고 들어갔어요. 비를 맞으면서 들어가는데 뒤에서 안기부 수사관들이 큰 소리로 "수경아, 잘 지내" 그러더군요. 괴롭힐 때는 언제고 잘 지내라니(웃음). 그때 마음이 좀 찡했어요. 저들도 인간이구나 싶었죠. 안기부 수사관들이야말로 저에 대해 잘 알잖아요. 이제 갓 만 스무 살을 넘긴 여대생일 뿐인데 국가보안법으로 몇 년간 교도소에 갇혀 있어야 한다는 게 안쓰러웠겠죠. 고맙긴 하더군요(웃음).

지 / 군사정권 시절에 간첩을 체포하면 대개 무기징역이나 사형을 선고했죠?

임 / 국가보안법 위반으로 기소했는데 집행유예를 선고받으면 국가보안법을 잘못 적용했다는 증거라고 생각해요. 89년에는 국가보안법 위반으로 기소되었다가 집행유예를 선고받은 경우가 아주 많았어요. 심지어 선고유예도 있었고요. 사실 국가보안법은 국가의 안보와 안전을 위협하는 중대범죄에만 적용되어야 하죠. 학생운동을 하는 사람들에게 무차별적으로 적용하면 안 되고요. 저의 경우 검사가 15년을 구형했는데 1심 재판부는 10년을 선고했어요. 항소심에서는 5년을 선고했고요. 국가보안법 해당 죄목에서 최저 형량이 5년인데 딱 그만큼 받은 거죠.

지 / 광주 출신 여성 조사관이 "내 고향 광주가 아니라 대한민국이 모두 사라져도 너 같은 빨갱이는 없애야 한다"고 말했다면서요?

임 / 여자가 아니라 남자였어요. "내가 너희들이 말하는 해방 광주 출신"이라며 전라도 사투리로 자기는 국민이 단 한 명만 남더라도 이 나라를 지킬 거라고 말하는데 눈빛이 정말 무서웠어요. 수사관들마다 캐릭터가 다 달라요. 위협적으로 마구 대하던 사람이 나가면 야리야리한 젊은 오빠가 들어와서 조용조용 얘기하면서 뭔가 알아내려 하죠. 그러다 조금 있으면 경상도 사투리를 쓰는 사람들이 우르르 몰려와요. 들어와서 아무 말도 안 하는 사람도 있는데, 그런 침묵이 더 무서웠고요.

한번은 전체 팀장으로 보이는 사람이 조사는 안 하고 왔다 갔다만 하더라고요. 그러더니 자신은 사법고시 출신이라고 말하더군요. "나는 저런 막무가내들과는 달라." 이런 의미인 것 같았어요. 그러면서 소주 한 잔 하자더군요. 그래서 둘이 소주를 마셨어요. 계속 잠을 못 잔 데다 긴장된 나날을 보내서인지 한 모금 들어가니까 알딸딸하더라고요. 의자에 앉아 소주를 마시면서 편안하게 말을 했더니 진작 술을 먹였으면 진술을 잘했을 텐데 그러더군요. 저와 술을 마신 이유를 알고 보니 다음날이면 검찰로 송치된다는 거예요. 수사

종결하는 날이라 소주 한 병 들고 왔던 모양이에요.

지 / 안기부 수사관들은 임수경이 이념적으로 북한을 추종했다기보다 좀 엉뚱한 기질이 있구나 생각했겠네요. 헬기에서 신문 볼 수 있냐고 묻고, 안기부 지하실에서 소주를 마시기도 했으니까요(웃음).

임 / 25일 동안 안기부 수사관들과 합숙을 한 거잖아요(웃음). 어떤 수사관은 자기 아내가 "여보, 임수경 조사받는다는 데 본 적 있어? 어떻게 생겼어?"라고 묻기에 전혀 모른다고 대답했다는 이야기를 해줬어요. 합숙을 해보면 알 수 있잖아요. 함께 있는 사람이 어떤 성격이고, 어떤 캐릭터인지. 엉뚱한 기질이라기보다 다른 의도나 꾸밈이 없다는 것 정도는 파악했겠죠.

지 / 안기부 사람들에게는 그런 게 중요하지 않잖아요. 자기 업무가 더 중요할걸요?

임 / 그들은 제가 북한에 가는 걸 전혀 몰랐잖아요. 임종석 의장이 89년 6월 29일 밤 한양대 노천극장에서 "전대협 대표가 지금 동베를린에서 평양으로 향하고 있습니다"라고 할 때까지 몰랐어요. 거기에 대한 질책이 있었겠죠. 국내 막강 수사기관으로서 자존심도 상했을 테고요. 당시는 안기부가 정보수집보다는 대공수사에 집중하던 때였고 무소불위의 권력을 휘둘렀잖아요. 나름대로 누가 평양에 갈지 추정도 해보았을 거고요. 그런데 저는 용의선상에 있지도 않았죠. 조사하면서 "이렇게 고운 공주님이 갈 줄 몰랐지." 그러더군요. 완전 허를 찔린 거죠. 그걸 굉장히 억울해했어요(웃음).

지 / 계획적으로 허를 찌른 건가요?

임 / 허를 찌른 게 아니라 정말 갈 만한 사람이 없었던 상황이었어요. 정부가 평양축전 참가를 불허한 직후 참가가 가능한 사람을 공개적으로 모집할 수는 없으니 실무진에서 찾아야 했어요. 나름 성실하니까, 제가 맡은 일을 대충 하는 스타일은 아니거든요(웃음). 아무튼 안기부 입장에서는 넋 놓고 당한 거죠. 미리 알고 대비했어야 하는데요.

실제로 대전의 신학대 학생이 평양축전에 참가하겠다고 출국했다가 안기부에 구속된 적이 있어요. 그렇게 미리 알고 잡았어야 했는데 저는 전혀 파악이 안 된 거죠. 그걸 굉장히 억울해 하고 열 받아 했어요. 대한민국 최고의 무소불위 권력기관이 새파란 여학생한테 당한 거잖아요. 저를 어떻게든 다른 단체나 조직과 엮으려고도 했어요. 북한에 체류했던 47일이라는 시간은 임수경을 연구하기에 충분한 시간이었는데 아무리 뒤져봐도 딱히 나오는 게 없었나 봐요. 집에서 책 몇 권 가져갔지만 별거 없었죠. 합동수사본부를 꾸려서 한 달 반 동안 열심히 조선중앙방송 보고, 평양방송 라디오를 들으면서 제 행적을 조사했어요. 이미 저를 집중 파악한 상태였죠.

지 / 어떤 잡지와의 인터뷰에서 "강남에 갈 때 저는 아직도 남산 1호 터널을 안 지나요. 근처만 가도 떨리고 속이 울렁거려 토를 한 적도 있었으니까요"라고 하셨더군요.

임 / 지금은 괜찮아요. 제가 구속적부심을 받으려고 법원에 가던 때는 법원이 서소문에서 서초동으로 옮긴 직후였어요. 저는 그때 법원 위치가 어딘지도 모르고, 구치소도 어딘지 모르고, 안기부도 남산에 있다는 거 외에는 구체적인 장소를 몰랐어요. 안기부가 국가정보원으로 바뀌면서 내곡동으로 자리를 옮겼고, 예전 자리에는 남산

유스호스텔이 들어섰고, 교통방송에서 걸어서 올라갈 수도 있어요. 하지만 당시에는 안기부 입구 주자파출소에서부터 일반인들은 못 올라갔어요.

어느 날 남산 1호 터널을 지나갈 때 차에서 올려다보니 제가 조사받던 안기부 건물이 있더라고요. 그래서 한동안 3호 터널로만 다니고 1호 터널로는 못 지나갔어요. 구속적부심을 받기 위해 서초동 법원에 갔을 때, 심리적으로 위축되어 있는 데다 법원도 처음 가는 거라 잔뜩 주눅이 들어 있었어요. 그런데 죄수복 차림의 젊은 남자가 말을 건네더군요. "아, 임수경이네. 수경 씨 힘내요!"라고요. 모든 사람들이 저를 비난하고 매도한다고 생각해서 기가 죽어 있는데 그분은 너무도 활기차고 밝은 표정으로 격려해주는 거예요. 그 사람이 누군지 아세요? 바로 MBC 한학수 피디였어요.(웃음)

지 / 하하, 그랬군요. 후에 다시 만난 적이 있나요?

임 / 2000년대 중반에 15년 만에 다시 만났어요. "저 모르시겠어요?" 하면서 당시 법원에서 마주쳤던 사람이라는 거예요. 얼굴을 찬찬히 살펴보니 기억이 나더군요. 그동안에도 한학수 피디는 알고 지냈는데 왜 그 얘기를 이제야 하느냐고 묻자, 내가 혹시 기억을 못할까봐 그랬다더군요. 그래서 친근감이 더 각별해졌죠.

지 / 당시 언론의 비판적 기사 때문에 마음고생이 심했을 텐데요.

임 / 그래도 「한겨레신문」이 있어서요. 「한겨레」가 없었다면 언론의 일방적인 비난에 완전히 매도당했을 거예요. 당시는 '조중동' 시대가 아니라, 제도언론과 그렇지 않은 언론으로 나뉘었어요. 「조선일보」, 「한국일보」는 조간이고 「동아일보」, 「중앙일보」는 석간일 때죠.

「경향신문」이나 「서울신문」도 역시 왜곡의 펜을 휘날렸어요. 「한겨레」는 정통 한글 신문을 표방하면서 88년 5월 15일에 창간되었는데, 저는 「한겨레」가 저를 위해 탄생한 신문이라고 생각했어요. 「한겨레」가 88년에 창간된 건 89년의 임수경 사건을 제대로 보도하기 위해서였다고요(웃음).

「한겨레신문」에는 아직도 감사한 마음이 있어요. 언론이 오피니언 리더, 여론을 선도하는 거잖아요. 개인적 취향이나 잣대에서 벗어나 공정하고 사실을 기반으로 한 보도를 해야 하는데 아무런 문제의식 없이 기관의 보도자료를 그대로 옮겨 쓰는 건 언론인의 자세가 아니죠. 이 사건 관련해서는 안기부 발표내용을 그대로 신문 전면에 도배했으니까요. 그건 제대로 된 언론이 아니에요.

안기부 발표를 근거로 하되 사실관계를 분석해서 문제의식을 기초로 기사를 써야 하는 거 아닌가요? 북한 현지 취재를 못 했으면 하다못해 외신이라도 분석해보고, 당시 일본 NHK, 「아사히」, 「요미우리」 등의 기자들은 수시로 평양 취재를 했거든요. 독일 「프랑크푸르트 알게마이너 자이퉁」, 공영방송 ZDF와 미국 PBC, 영국 BBC에서도 임수경 보도를 많이 했어요.

당시 우리 언론은 80년대 언론 통폐합 이후 이른바 보도지침 때문에 여론을 주도하거나 우리 사회의 올바른 의제를 제시하는 역할을 전혀 못했죠. 정권이나 권력기관, 수사기관에서 발표하는 것만 옮겨 적기 바빴는데 그런 상황에서 「한겨레」가 평양 현장에 있었던 해외동포 기자와 참가자들의 목소리를 대신 전하고, 사진을 보도한 거예요.

지 / 「한겨레」가 없었으면 더 어려운 상황에 처했을지도 모르겠네요. 보수신문의 프레임에 이끌려, 외신이 아무리 크게 다루어도 국내 언론이 소개하지 않으면 국민들은 무엇이 진실이고 사실인지 알수가 없잖아요.

임 / 정부가 대부분의 언론을 통제하던 시기니까요. 그리고 10년이 지난 99년에 MBC가 처음으로 한 시간짜리 「MBC스페셜-임수경」 편을 제작했고, 아리랑TV에서 이 다큐멘터리를 영어로 번역해서 「The Flower of Unification」이라는 제목으로 방송했어요. 그해 연말에는 MBC 밀레니엄 특집으로 「20세기 한국의 인물들-여성」 편에 임수경을 다루기도 했고요. 2003년에는 KBS 인물현대사에서 「분단의 벽을 넘어서-임수경」을 제작했어요. 고종석 선생이 저에 대한 글을 쓴 것도 2009년이니까 89년으로부터 20년이나 지나서 쓴 셈이죠. 그 사이 저는 사면복권도 되고 그냥 생활인으로 살았어요.

그런데 국회의원이 되고 나니 과거 역사 속의 한 사건, 평양에 갔던 일 자체가 다시 비난의 대상이 되어버린 거예요. 과거의 한 사건으로 역사에 기록될 수 있는 그 지점에서 다시 현재진행형으로 되돌아온 거지요. 그간 살아온 저의 삶은 모두 사라지고 89년으로 회귀한 셈이에요.

통일이 되면 에피소드로 남을 사건

지 / 국가보안법 위반으로 5년형을 선고받은 것도 유례없는 일 아닌가요? 더 많은 형을 받을 각오도 했을 텐데요. 시대적으로 민주화는 거역할 수 없는 흐름이었고 북방정책에도 영향을 미쳤다고 생각하는지요.

임 / 그렇죠. 1심에서 징역 10년형을 선고받았을 때는 저는 좀 당황했어요. 출소하면 30대잖아요. 요즘 같으면 10년도 잠깐인 것 같은데 20대의 10년은 굉장히 긴 기간이죠. 저는 노스트라다무스가 1999년에 지구가 멸망한다고 해서 그 이후의 삶에 대해 생각해본 적이 없었거든요(웃음). 5년을 받든, 10년을 받든 선고형량에 관계없이 중요한 건 재판과정에서 진실을 알리는 거라고 생각했지만 막상 10년형을 선고받으니까 기분이 정말 안 좋더라고요.

지 / 당시 재판은 어땠나요? 주류 언론들이 연일 비판적인 보도를 하는 상황에서 재판이 진행되었죠.

임 / 안기부 조사 이후 9월 한 달 검찰조사를 받았고, 10월에는 구치소에서 재판 준비를 했어요. 첫 재판이 11월 13일에 열렸는데 전태일 열사 기일이라 아직도 기억을 하죠. 그때 문규현 신부님 외에도 남국현, 박병준, 구일모 세 분 신부님이 구속되어서 천주교 신자들의 반발도 심했어요.

첫 재판이 열리는 날, 서초동 법원 부근 건물에서 임수경을 석방하라고 시위를 벌이다 끌려간 분들도 여럿 있어요. 재판은 417호 대법정에서 이루어졌는데, 방청객이 120명 정도 들어갈 수 있는 규모였어요. 교도관 20명, 사복경찰 30명 정도가 앞에 자리를 잡았고, 나머지는 방청권이 있어야 입장할 수 있었어요. 방청권이 있는 사람들 중 반은 요즘 어버이연합 같은 곳에 소속된 할아버지들이었어요.

재판정에서는 판사의 허락 없이 구호를 외치거나 박수를 치면 안되는데 방청객들이 "임수경을 석방하라!"고 외치면 판사가 감치명령을 내렸어요. 구치소에 며칠 수감하는 거죠. 거기에 항의하면 또 감치명령 내리고, 그래서 재판이 잘 진행되지 않았어요. 박수를 치면 옆에 있는 할아버지들이 지팡이로 때리기도 했고요.

1심에서는 재판 진행이 너무 일방적이어서 재판부 기피 신청을 하기도 했어요. 그래서 사실 1심 때는 제대로 된 진술을 할 기회가 없었고, 반면 항소심 때는 재판이 잘 진행되었어요. 1심 때는 변호인 변론도, 피고인 진술도 없이 검사가 15년을 구형하고 판사가 10년을 선고했죠. 항소심에서는 5년을 선고했고요.

나중에 법원 출입기자에게 들은 말로는 항소심 재판부가 판결내용에 대해 설명을 따로 했대요. "이 사건이 하나의 에피소드로 남을지도 모르는 시점을 생각해서 내린 형량이다"라고요. 여러 변호사님들이 명 변론을 하셨는데 인권변호사로 유명한 조영래 변호사님 생전에 마지막 변론이 제 사건이었어요. 변론 6개월 뒤에 돌아가셨으니까요. 조영래 변호사님이 굉장히 길게 변론을 하셨고, 한승헌 변호사님, 황인철 변호사님을 비롯해서 모두 70명의 변호인단이 있었지만 무죄를 이끌어내지 못했기 때문에 결국 변론은 실패한 거죠(웃음). 최근에 변호인단 명단을 다시 보니 문재인 대표님 이름도 있더라고요. 부산에서 변호사 활동을 하셔서 그때는 몰랐는데 명단을 확인하고 나니 참 고맙고 반가웠어요.

안기부 수사발표 때 공개된 압수목록. 판문점 귀환 때 입었던 옷과 신발, 여권, 냅킨이 전부였다. (1989. 9. 8)

천주교 정의구현사제단에서 문규현
신부 파견 (판문점, 1989. 7. 27)

독일 작가 루이제 린저는 임수경을 기념하여
평양 장충성당에 〈통일의 꽃 임수경 1989. 9.
1〉이라고 새겨진 종을 기증하였다. (평양에서
열린 8·15 민족공동행사 참석 중, 2001. 8. 20)

제 4 부

꽃의 말, 모든 순간이 꽃봉오리인 것을

작은 방에 하루 종일 혼자 있다고 생각해보세요

지 / 감옥생활은 어땠나요?

임 / 90년 7월 청주여자교도소로 이감되기 전까지 서울구치소에 있었는데 학생운동이나 노동운동을 하다 구속된 분들이 많았어요. 2개 여자 사동 중 2사동에는 일반 형사범들이 있었고 국가보안법이나 집시법 관련 시국사범들은 1사동에 따로 수용되어 있었는데요. 학생들끼리 같이 있으니까 재미있게 지냈고 노동운동 선배님들한테 배우는 것도 많았죠. 원래 배드민턴을 하나도 못 치던 제가 서울구치소 전지훈련을 통해 배드민턴 선수가 되었어요(웃음).

처음 1년은 재판준비 때문에 빨리 지나갔고, 2년 차에 청주여자교도소로 이감되어 홀로 격리수용되었을 때는 책 읽는 재미로 살았죠. 사회생활을 하자면 『토지』나 『태백산맥』, 『장길산』 같은 대하소설은 읽을 기회가 많이 없잖아요. 그때 쌓은 인문학적 지식과 소양이 지금까지 도움이 되는 것 같아요. 그때를 되돌아보면 언제 그렇게 공부를 할 기회가 있었을까 싶어요. 편지도 참 많이 받았어요. 70~80년대 시국사범들은 편지를 주고받는 데 제약이 많아서 저처럼 많은 사람들에게 다량의 편지를 받은 사람이 없었다더군요. 전국 각지는 물론 해외에서도 편지가 3천 통 넘게 왔으니까요.

지금의 청주여자교도소는 여성 수용자의 편의를 고려해 건물을 새로 지어서 시설이 아주 좋아졌다던데 제가 수감되었을 때는 사회안전법에 따라 보안감호 처분을 받은 사람들을 수용했던 청주보안감호소를 청주여자교도소로 이름만 바꿨던 시절이라 시설이 아주 안 좋았죠. 기결수가 되면 노역을 해야 하는데, 저는 시켜달라고 해도 안 시켜줬어요. 다른 재소자들은 아침이면 공장에서 일하거나 양재, 또는 원에 일을 하러 갔어요. 그래서 주간에는 건물 전체에 교도관과 저 한 명만 남곤 했죠. 제일 힘들었던 건 혼자 운동하는 일이었어요. 서울구치소에 있을 때는 여러 명이 같이 배드민턴도 치고 운동장에서 달리기도 하곤 했는데, 청주여자교도소에서는 철저하게 혼자 격리되어서요. 작은 방에 하루 종일 혼자 있다고 생각해보세요. 정말 돌아버릴 것 같더군요. 그나마 혼자 할 수 있는 운동이 줄넘기밖에 없어서 운동시간에 햇볕만 쬐다 들어오곤 했죠.

지 / 그즈음 역사적으로 남북관계에 변화가 생겼죠? 89년에는 공안정국이었지만 90년에는 남북 고위급 회담이 열렸어요. 북한 연형묵 총리가 서울을 방문하여 강영훈 총리와 회담을 가졌고, 지금 생각해 봐도 남북관계는 당시가 훨씬 좋았던 것 같은데요.

임 / 고위급 회담을 위해 북한 대표단이 서울에 오면 시민들의 관심이 쏠렸고, 손을 흔들며 반가움을 표하기도 했어요. 지금은 북한을 바라보는 국민들 시선이 너무 차가워졌잖아요. 노태우 정부가 북방정책을 펼치면서 창구 단일화 논리로 민간교류는 차단했지만 정부 간 회담은 계속 이어졌어요. 당시에 채택되었던 「한민족공동체통일방안」이 「민족공동체통일방안」으로 이름만 바뀌어 남아 있는 등 남북관계와 관련된 많은 것들이 노태우 정부 때 이루어졌죠.

제가 구속되어 있을 때 「한국일보」 1면에 국가보안법 폐지 기사가 크게 난 적도 있어요. '이제 국가보안법이 폐지되나보다, 감옥에서 나가나보다' 생각했던 시기가 90년, 91년이었죠. 교도소에서는 삼일절, 석가탄신일, 광복절, 개천절, 성탄절, 이렇게 1년에 다섯 차례 특사를 기다려요. 91년부터 국가보안법 폐지나 임수경 석방과 관련된 얘기가 자주 나와서 계속 특사를 기대했는데 그 기대가 무너지고, 또 반복되고 그러면서 수감생활이 지루해지더군요.

지 / 아무래도 기대감이 컸겠죠?

임 / 그렇죠. 삼일절이 가까워지면 특사 예상 명단이 신문에 오르내리잖아요. 그럼 '이번에 석방이 되나?' 하고 기대했다가 안 되면 '석가탄신일까지 기다려야 되나?' 하고 기대하는 시간이 굉장히 지루했어요. 만기를 채워야 하는 거면 아예 마음을 편하게 먹었을 텐데 정치권에서는 지속적으로 임수경 석방 문제가 거론되었고 신문에도 계속 이름이 나왔어요.

당시 정부는 진전된 통일방안도 내놓고, 남북교류와 남북회담에 대한 의지도 강했어요. 북측에서는 회담하러 올 때마다 "임수경 양은 언제 석방되느냐?"라고 안부를 물었고, 임수경 문제가 회담 의제 중 하나였던 적도 있었어요. 「중앙일보」 기사에 따르면 고위급 회담을 위해 남한에 온 북측 인사가 노태우 대통령에게 저를 석방시켜달라고 했더니 "임수경은 북에서만 관심이 있는 것이 아니라 제 딸이기도 합니다"라고 말했다더군요. 정말 그런 말을 했을까요? '딸을 왜 감옥에 계속 가두어놓지?' 그런 생각도 했어요(웃음).

앰네스티 인터내셔널에서는 저를 '세계의 양심수'로 지정해 석방운동을 벌였어요. 지금 세계의 인권단체들은 북한 인권문제에 많이 치중하지만 당시에는 남한의 인권상황 역시 나쁜 상태라 많은 문제제기가 있었죠. 88올림픽을 계기로 군사정부에서 민간정부로 가는 과도기적 단계에서 세계적으로 이미지 개선을 추구했던 노태우 정부에게 임수경 문제는 곤란스러운 의제였어요.

지 / 옥중에서 남북 고위급 회담이 열린다는 소식을 들었을 때 무슨 생각을 했나요?

임 / 남과 북이 서로 왕래하면서 회담을 하는 걸 보면서 처음에는 아예 없었던 길이 조금씩 넓어지고 있구나, 그런 생각하면서 보람을 느끼기도 했죠. 북한 기자들이 우리집을 찾아오기도 했어요. 제가 주소와 전화번호를 알려주고 왔거든요. 하지만 그분들이 실제로 우리집을 찾아올 거라고는 전혀 상상을 못했어요. 북한 기자들이 택시를 타고 평창동에 왔는데 주소는 알지만 길을 몰라 헤맸대요. 그래서 택시기사 분이 파출소에 데려다줬고 파출소장님이 우리집을 안내했대요. 그때가 12월이었는데, 그해 여름휴가를 쓰지 못했던 아버지가 휴가를 내고 집에 계셨다더군요. 북한 기자들과 미리 연락이 되어 아버지가 일부러 출근도 안 했다는 보도가 나와서 언론중재위원회에 제소한 적도 있어요.

아무튼 북한 기자들이 방문을 해서 깜짝 놀라셨대요. 그때 어머니가 기자들에게 밥을 차려주셨는데, 우리 어머니가 목포 출신이라 지금도 전라도 김치만 열 가지가 상에 올라오거든요. 이렇게 생활상까지 있는 그대로 북한 TV에 그대로 방영되었어요. 음식이 엄청 잘 차려졌다고 소문이 났지만 자세히 보면 다 김치뿐이에요(웃음). 제가 처음 북에 갔을 때만 해도 남과 북은 서로 완전히 막힌 금단의 땅, 금기의 벽이었는데 불과 1년 만에 북한 기자들이 우리 집까지 찾아온 걸 생각하면 지금도 가슴이 뭉클하죠.

지 / 그땐 북한 기자들도 마음대로 다닐 수 있었나봐요?

임 / 안기부에서 기자들을 관리했을 텐데 이탈한 걸 몰랐다고 해요. 당시 북한 기자들이 우리집뿐만 아니라 외국어대도 방문하고, 「한겨레」, 「동아일보」도 방문했는데 그런 걸 생각하면 격세지감을 느껴요. 언제, 어떻게, 이렇게 남북관계가 꽁꽁 얼어붙었는지 안타깝기만 합니다.

3년 4개월 9일, 세상과 다시 마주하다

지 / 수감생활 중 고비는 없었나요?

임 / 2년 동안은 지낼 만했어요. 2년 반이 넘어가니까 힘들더라고요. 3년째가 되면서 이러다가 진짜 돌아버릴지도 모르겠다, 그런 생각을 할 때쯤 나온 거예요. 그런데 학생운동이든, 노동운동이든 저보다 오래 살았던 분들도 많아서 그분들 앞에서는 감옥이 어쩌고하는 얘기를 일체 안 해요. 그분들에 비하면 저는 아무것도 아닌 거죠. 제가 감옥에 있을 때도 "임수경을 석방하라!" 하면서 학생들이 교도소 앞에서 철문을 두드리고 농성을 하고 그러면 경비교도내나 경찰이 진압하는 상황이 반복되었어요.

저는 안에서 두 발 뻗고 책 보며 지냈으니까 오히려 팔자가 편했다고나 할까요.(웃음) 그때 청주교도소 앞에서 고생하신 분들 정말 많죠. 검열이 일상화되었던 때라 신문 한 면이 시꺼멓게 칠해져 있거나 잘려서 들어왔어요. 나중에 알고 보면 우리 어머니 사진이나 청주여자교도소 앞에서 연행되는 학생들 사진 같은 것들을 못 보게 했던 거였어요.

지 / 감옥생활이 인생에서 어떤 의미로 다가오나요?

임 / 3년 4개월 9일을 감옥에서 보냈는데 20대 청춘의 빛나는 시기잖아요. 꿈도 많고 활발하게 인생을 설계하는 청춘 시절을 감옥에서 보냈지만 한편으론 그 때문에 가족의 소중함을 깨달았던 것 같아요. 당시 언니는 직장에서 해고당한 뒤 제 면회를 다니면서 옥바라지하고, '임수경 후원사업회' 간사로 일했어요. 어머니는 막내딸 면회를 오기 위해 50이 넘은 나이에 운전면허를 따셨고요. 수감 당시에는 굉장히 견디기 어렵고, 답답하고, 고통스러웠지만 전체 인생을 놓고 봤을 때 3년 반 정도의 시간은 그리 긴 시간은 아니고 나쁘지만은 않았던 것 같아요.

그때 그런 일을 겪지 않았다면 저는 무엇을 하고 지냈을까요? 20대 청춘을 평범하지 않게 보낸 것에 대한 아쉬움은 크지만 얻은 것도 많았어요. 처벌받는 게 아니라 인생의 휴식기라고 긍정적으로 생각할 수도 있죠. 일반적으로 교도소 하면 범죄자들이 우글거리는 곳이라고 생각하지만 그들 역시 다 생활인이에요. 생활이 아주 어려우신 분들이 실수를 해서 들어오는 경우가 많아요. 출소하고 나서 전과자라는 이유로 차별받고 또다시 범죄를 저지를 수밖에 없는 상황에 처해서 다시 들어오는 경우도 봤어요. 그런 분들의 삶의 처지를 조금이나마 이해하게 된 것도 소중한 경험이었던 것 같아요. 당시에는 정말 힘들었지만요(웃음). 지나고 나니 담담하게 얘기하지만 사람은 누구나 남들 다 하는 것을 하고 사는 게 제일 좋아요. 제가 스물두 살에 감옥에 들어가 출소하니 금방 스물여섯 살이 되었어요. 한참 인생이 빛날 시기에 열심히 놀기도 하고, 장밋빛 미래를 꿈꾸고 계획하고 그럴 때에 갇혀 있었으니 어땠겠어요?

지 / 그런데 그런 무모한 일은 왜 하셨어요(웃음)?

임 / 그렇게 오랫동안 감옥에 있을지 몰랐어요(웃음).

지 / 상식적으로 생각해보세요. 유인물만 돌려도 구속되는 시절이었잖아요(웃음).

임 / 그러게요. 학생들은 금방 석방되기에 저도 금방 나올 수 있을 줄 알았어요. 상식이 전혀 없었던 거죠(웃음).

지 / 교도소에서 3천여 통의 편지를 받았다고 하셨죠. 인상에 남
는 편지가 있나요?

임 / 초등학생들이나 중고생들도 보냈고 해외에서도 많이 왔어요.
미국, 일본, 유럽의 동포들, 남녀노소를 가릴 것 없이 왔죠. 유명한
분들도 많이 보냈죠. 가수인 고 김광석 씨도 전혀 모르는 사이였는
데 제게 편지를 보냈어요. 어떤 할머니는 '서대문 형무소 임수경 앞'
이렇게 주소를 썼는데도 도착을 하더라고요. 그때 저는 서대문이 아
니고 의왕시 서울구치소에 있었거든요. 미국에서 온 편지인데 일제
강점기 때의 맞춤법으로 삐뚤

삐뚤 적어 보낸 거예요. 그 할
머니 정말 대단했죠. 현금까
지 넣어 보내셨더라고요. 매
일 한 통씩 자신의 일상을 보

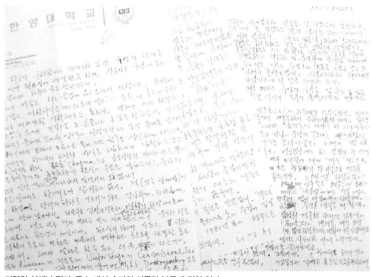

리영희 선생님 편지, 주소 대신 숫자와 이름만 봉투에 적혀 있다.

내는 사람들도 있었어요. 리영희 선생님 편지도 기억나네요. 제가 어느 지면에도 공개한 적이 있는데 "오늘부터 방학이 끝나고 새 학기가 되었다네. 자네도 어서 캠퍼스를 돌아다녀야 할 텐데. 나는 요즘 몽테스키외 책을 읽고 있어." "나는 내일 어머니 산소에 벌초하러 가네. 풀이 너무 많이 자라서 구인광고를 사무실 입구에 붙였더니 한 놈이 왔어. 벌초하고 와서 또 보낼게. 자네의 편지를 받아서 너무 기뻤어." 뭐 이런 내용을 만년필로 써서 보내주곤 하셨어요.

지 / 통일을 위해 애쓴 모습이 기특했나보군요. 그때 받은 편지는 아직까지 보관하고 있나요?

임 / 그럼요. 저도 답장으로 손 편지를 참 많이 썼어요. 지금은 이메일 답장도 두 줄 이상 안 쓰지만 당시에는 편지지로 서너 장씩 썼죠. 봉함엽서로 편지를 쓸 수 있는데 제한된 공간이니 주소면만 제외하고 빼곡하고 촘촘하게 쓰는 거예요.

요즘도 가끔 저를 만나면 당시 얘기를 하는 사람들이 있어요. 그때 나는 군인이었는데 89년의 기억이 아직도 생생하다, 이런 식으로요. 개인적으로 너무나 중요한 사건이자 기억이었던 거죠. 마흔 살이 넘어가면 대개 나는 몇 학번입니다, 이런 얘기를 안 하잖아요. 그런데 저를 만나면 대뜸 학번부터 이야기해요. 배우 이영애 씨도 처음 봤을 때 저, 89학번이에요 하던 게 생각나네요. 그러면서 그 시절 얘기들을 끄집어내곤 하죠. 당시 나는 어디서 근무하고 있었고, 나는 어떤 회사에 있었고, 그때 내 사진을 지갑에 넣고 다니다 여자 친구와 헤어졌고 등등(웃음).

134   지 / 가석방은 어떻게 결정되었나요?

임 / 징역 5년형의 3분의 2가 지난 시점, 그러니까 딱 3년 4개월 만에 나왔어요. 빨리 나온 것도, 늦게 나온 것도 아니에요. 그 이전에 정치적 고려로 가석방될 수 있는 타이밍이 몇 번 있었는데 무산되었고 제가 가석방될 때는 마침 대통령 선거를 치른 직후였죠.

지 / YS가 당선되자 나온 거죠?

임 / 12월 16일에 대통령 선거가 있었는데, 1주일 후인 12월 24일에 나왔어요. 석방되고 나서 동교동으로 DJ에게 인사를 갔는데, YS가 "풀어준 건 난데 왜 DJ한테만 인사를 가고 나한테는 안 오냐"고 하셨다더군요. 제가 대통령 당선자에게 감히 어떻게 인사를 가요? 선거에서 지고 쉬고 계시는 분한테 가야죠(웃음).

김대중 대통령은 연말에 전국의 시국사범들에게 양말을 돌렸어요. 장갑도 보내고 속옷도 보내고요. 본인이 오랜 감옥생활을 하신 경험이 있어 그러셨던 것 같아요. 지금 생각해보면 그분은 늘 배려를 잘하셨어요. 20대에 정치를 시작해서 일흔이 넘어 대통령에 당선되셨잖아요. 50년이 넘는 정치역정 중 극한의 어려움 속에서 감옥도 가고, 사형선고도 받고, 실제로 생명의 위협도 느꼈기에 자신을 도와준 사람들에게 고마움을 느껴 늘 베푸셨던 것 같아요.

지 / 이 대목에서 YS한테 감사의 말씀은 전하셔야죠(웃음).

임 / 국회에서 열린 김영삼 전 대통령 영결식에 참석했을 때 새삼 감회가 새롭더라고요. 흰 눈이 소담하게 내리던 날이었는데, 진심으로 애도를 표했어요. 지금 대통령과 비교하면 정말 많은 변화를 추진하고 이끌어낸 대통령이었죠.

김영삼 대통령 영결식. 하얗게 눈이 내렸다. (국회의사당, 2015. 11. 26)

지 / 당시 5공 비리 관련자들이 함께 석방되었죠?

임 / 그렇죠. 88년에 광주항쟁 청문회를 하고 5공 비리 청문회도 했는데 그때 청문회 스타가 노무현 대통령이었죠. 그 결과 노태우, 전두환 두 사람이 절친인데도 어쩔 수 없이 5공 비리 관련자들을 싹 구속했잖아요. 당시 노태우 대통령은 그 사람들을 임기 내에 풀어주려고 했어요. 그래서 임수경과 문규현 신부님을 일종의 '끼워 팔기' 석방을 한 거예요.(웃음).

영화 「오아시스」의 한 장면처럼

지 / 가석방을 그날 오후에 알았다면서요.

임 / 보통 아침 10시에 석방을 하니까 일반 형사범들은 오전에 다 풀려났는데 저에게는 아무 얘기가 없어서 '내년 삼일절까지 또 기다려야 하는구나'라고 생각했어요. 교도관과 함께 크리스마스 특식으로 구매한 양념통닭을 먹고 있는데 오후 3시쯤 담당 주임이 와서 짐을 싸라고 하더군요. 아침 10시에 석방시켜줘야 하는데 보안문제를 핑계로 오후 5시에 석방되었어요. 그것도 정말 억울하죠. 원래는 가석방 전날 가족들에게 알려주는데 출소할 때 입고 나갈 옷도 준비하고, 대개 교도소가 지방에 있으니까 마중 나올 시간을 주는 거예요. 그런데 저는 가족에게 통보조차 되지 않아서 아무도 오지 않았어요. 생각해보세요. 제가 8월 15일 한여름에 구속이 되었는데 12월 추운 겨울에 입고 나갈 옷이 없잖아요. 겉옷도 없이 교도소 안에서 입던 티셔츠와 들어갈 때 입었던 여름 청바지 차림으로 나왔어요. 영화 「오아시스」에 나오는 설경구 씨처럼요.(웃음).

출소자는 보호자에게 인계하게 되어 있는데 가족은 하나도 없고 기자들만 잔뜩 있었죠. 교도소 측에서 보호자로 가족 대신 청주 사직동성당 신부님을 불렀어요. 그런데 크리스마스 이브였잖아요. 1년 중 제일 바쁠 때가 성탄절인데 그 바쁜 신부님을 부른 거죠. 인수인계 도장을 찍자마자 바로 성당으로 가자고 하시더군요. 그래서 여름 옷 차림으로 사직동성당으로 가서 청주 주재기자들과 기자회견을 했어요. 서울에서는 집에 기자들이 따로 기다리고 있었고요. 신부님이 너무 바빠서 서울은 못 데려다주니 성당에서 하룻밤 자고 가라고 하시는 거예요. 택시 타고 얼른 집으로 올라왔죠(웃음).

지 ／ 청주에서 서울까지 장거리 택시를(웃음)?

임 ／ 택시기사 하시는 사직동성당 신자분이 서울까지 데려다주셨어요. 그때는 고속도로 통행권을 사람이 직접 나눠줄 때인데 청주 톨게이트에서 통행권을 나눠주는 아저씨에게 먼저 인사했어요.

"아저씨, 저 임수경입니다. 석방되어 집에 가요." 그러니까 저를 알아보신 아저씨도 너무너무 축하한다고 말씀해주셨어요. 모르는 사람 아무라도 붙잡고 인사하고, 이야기 나누고 싶은 심정이었죠. 그런데 이 장면 재미있어요? 언젠가 박찬욱 감독님께 이날의 말씀을 드리니 아주 재미있어 하시면서 임수경 영화를 만든다면 고속도로 톨게이트 장면을 인트로에 쓰고 싶다고 하시더라고요.(웃음)

지 / 시간은 얼마나 걸렸나요? 마음이 급했을 텐데요.

임 / 성탄 전야라 고속도로가 굉장히 막혔어요. 청주에서 서울까지 2시간이면 가는 거리인데 4시간 이상 걸렸던 것 같아요. 서울에 도착했을 때 광화문 네거리 프레스센터 전광판에 '임수경 양 가석방'이라는 글귀가 대문짝만 하게 뜨더군요. 택시기사 아저씨가 뉴스에 나오는 사람 태우고 간다고 좋아하셨어요.(웃음). 광화문대로 신호체계가 지금은 바뀌었지만 당시에는 1, 2차선이 유턴 차선이었어요. 좌회전을 해야 되는데 기사 아저씨가 유턴 차선으로 가다가 교통경찰한테 걸렸는데 아저씨가 "지금 뒤에 누가 타고 있는 줄 아냐, 임수경 양이 타고 있다"라고 하니까 교통경찰이 경례를 하면서 "축하드립니다. 선배님" 하더니 길을 막고 차량을 통제해주더군요. 학교 후배였을까요(웃음)? 평창동 우리집 입구에 오니까 오빠가 그제야 겨울코트를 들고 기다리고 있고, 어마어마하게 많은 기자들이 포토라인을 만들어 대기하고 있었어요. 그분들에게 잠깐 시간을 내어드리고 오랜만에 집밥을 먹은 뒤 명동성당 성탄미사에 갔어요. 김수환 추기경님께서 구치소에 직접 면회도 와주셨고, 수감 기간 동안 천주교 차원에서 각별하게 관심을 보여주신 감사 인사를 전하고 싶었죠. 추기경님께서 성탄미사 중에 저를 소개시켜주셔서 격려의 박수도 받았어요.

다음날 아침 어머니와 목욕탕에 가려고 6시 조금 넘어 일찍 집을

명동성당 성탄 자정미사에 참석, 김수환 추기경님과 함께 (1992. 12. 24)

나서는데 그 새벽에도 대문 앞에 기자들이 진을 치고 있더군요. 92
년 성탄절에 젊은 기자들에게는 몹쓸 짓을 많이 한 취재원이었죠.
놀지도 못했을 테니까요.(웃음). 한동안은 친구나 가족보다 기자를 더
많이 만났어요. 인터뷰하고, 방송출연도 하고 그러다가 복학을 했
죠. 미등록 제적 상태였는데 학교에서 복적을 시켜줬어요. 4학년 2학
기 한 학기가 남아 있었거든요. 그리고 그해 여름, 8년 만에 대학을
졸업했어요.

　지 / 가석방 이후 활동에 제약이 많았나요?
　임 / 한동안은 서대문 경찰서 정보과 형사가 따라다녔어요. 매일
집 앞에 자동차를 대놓고 기다리고 있었죠. 제가 출소하자마자 제일
먼저 한 일은 운전면허를 따는 거였어요. 형사들 차 안 타려고요.
담당 안기부 여수사관도 있었고요. 지금은 제가 국회의원이라도 알

아보는 분들이 많지 않은데 그때는 길거리에 나가면 사람들이 다 알아봤어요. 젊은 나이에 이름과 얼굴이 너무 알려져서 출소해서도 매사 조심스러웠죠. 다른 친구들의 경우 보안관찰도 거부하고, 형사가 동행하는 것도 거부하곤 했지만 저는 굳이 그러지 않았어요. 경찰이 우리집 앞에 진을 치고 있는 것도 감시한다는 생각보다는 제 신변을 보호하기 위해서라고 생각하니 마음이 편하더라고요. 90년대에 인권문제나 양심수 석방 문제와 관련해서는 지속적으로 활동했지만 특정 단체나 정당에 가입하지는 않았어요. 그때는 「동아일보」가 다소 진보적인 언론이었는데 홍보모델 제의도 왔고, 「중앙일보」에서는 기자로 들어오라면서 연봉을 제시하기도 했어요. 그때마다 "나는 괜찮지만 윗사람들에게 물어봐라. 안 된다고 할 거다"라고 하면 전권을 위임받아서 때문에 괜찮다고 저를 설득해요. 그래서 다시 알아보고 정말 괜찮으면 그때 전화해라 하면 전화가 안 오곤 했죠(웃음).

스물한 살의 매혹적인 모험

지 / 당시의 방북이 남북관계나 통일에 어떤 의미가 있었다고 생각하나요? "임수경의 평양 방문은 통일운동을 향한 학생들의 패기를 보여주는 것이었다. 당시 대학생들의 활동이 쌓여 분단의 장벽을 조금씩 허무는 기폭제가 됐으며 1, 2차 남북정상회담의 토양이 되었다"고 말하신 분도 계신데요.

임 / 정상회담의 토양까지는 아니더라도 그 전까지 북한이 우리에게 금단의 땅이었다면 이제 더는 그렇지 않게 된 거죠. 서로 공유할 수 있는 노래, 사람, 기억 같은 공통된 무언가를 갖도록 했다는 게 당시 사람들에게는 엄청난 정서적 충격으로 다가왔어요. 다시 말해 남과 북에 아직까지도 살아 있는 공통의 기억을 심어준 것, 그게 가장 중요한 의미인 것 같아요.

지 / 지금 생각해보면 노태우 정부의 북방정책은 상당히 진취적이고 성공적이었던 것 같아요. 중국이나 소련 같은 적성국가에 유학도 가게 되었고, 무역량도 엄청나게 늘었잖아요. 당시 학생 운동권에서는 어떻게 평가했나요?

임 / 북방정책이 성과에 비해 제대로 평가받지 못하고 있는 건 사실이지만 노태우 정부가 평화와 통일을 적극적으로 추진했던 건 아니죠. 정부 자체의 의지가 있었다기보다는 당시의 국민과 시대적 요구에 부응한 것이니까요. 한-소 수교나 한-중 수교도 마찬가지고, 동서냉전 해체 시대에 노태우 정권이 있었을 뿐 노태우 정부로 인해서 냉전이 해체된 게 아니거든요. 물론 국민들의 열망에 대해 눈과 귀를 닫았던 전두환 군사독재정권과 달리 노태우 정부가 어느 정도 적극적으로 임했다는 측면은 긍정적으로 평가할 수 있죠. 남북 간에 대화와 교류는 하되 창구는 정부로만 해야 된다는 이른바 '창구 단일화 논리'를 기만적인 통일정책이라고 당시에는 비판했지만, 대통령 특별 7·7선언에 이어 남북 기본합의서를 이끌어내고 지금까지 이어지는 별도의 통일방안을 마련한 점은 긍정적으로 평가해요.

지 / 고종석의 『여자들』이라는 책에서 임수경에 대해 쓴 글 봤어요? 굉장히 인상적인 글이더군요. "'회의적 통일론자'로서, 나는 스물한 살 임수경의 모험에 썩 높은 값어치를 매기진 않는다. 나는 젊은 시절의 임수경 같은 민족주의자도 아니고, 통일이 지고의 가치라고도 여기지 않는다. 내가 바라는 것의 최저치는 대한민국이 이웃 동족국가와 사이좋게 지내는 것이다. 한 집에 살며 아옹다옹 싸우는 가족보다는 옆집에서 따로 살며 사이좋게 지내는 가족이 훨씬 보기 좋다. 통일과 평화가 조금이라도 맞바꿈 관계에 있는 한, 나는 망설임 없이 통일을 버리고 평화를 취한다. 그러나 스물한 살 임수경의 모험은 매혹적이었다. 그것은 한반도 전체를 무대로 삼은, 어쩌면 전 세계를 무대로 삼은 걸작 퍼포먼스였다. 대본도 준비되지 않은 이 진솔하고 위험한 퍼포먼스를 임수경은 훌륭히 해냈다. 통일이 되든 안 되든, 임수경은 '통일의 꽃'이다. 스물한 살 임수경을 되돌아보면, 그 어여쁜 '통일의 꽃'을 떠올리다 보면, 문득 마음이 울렁거린다." 그 퍼포먼스가 우리 삶에 너무나 강렬한 인상을 주었기 때문에 평생을 규정하게 된 셈인데, 누군가를 만나면 '내가 그때 어디서 뭘 했다'로 얘기를 시작한다고 하셨죠?

임 / 그 글을 봤는데 사실관계는 몇 가지 다른 게 있어요. 전체적으로 감정표현은 섬세하고 좋은 글이죠. 주로 외국의 여성들을 다루셨던데 로자 룩셈부르크나 다이애너 스펜서랑 같은 반열로 취급해주시니 고마웠어요(웃음).

지 / 후일담을 얘기하는 게 마냥 좋지만은 않을 때도 있죠?

임 / 제가 전대협 3기예요. 우리 3기는 스펙터클한 사건을 많이 겪었기 때문에 특히 잘 모여요. 지금은 각자 생활인으로 살아가는 중년인데 모이기만 하면 옛날 얘기를 해요. 단 한 번도 오늘이나 내일을 얘기한 적이 없고 1989년에 어찌어찌했다는 얘기를 매번 반복해요. 가장 최근에 만났을 때 "아직도 그 얘기가 하고 싶니?"라고 제가 물어봤어요. 저에게는 그간의 세월이 너무 길었고 지금도 고통스러운데 그들은 만날 똑같은 얘길 해도 그렇게 재미있고 이야깃거리가 되나봐요.

지 / 남자들이 군대 얘기 하는 거랑 비슷한 건가요?

임 / 세월은 나에게만 길었고 그들에게는 금방 지나간 무용담이었던가 하는 취지의 섭섭함이었는데 그것도 일종의 투정이라는 생각이 들어요. 어쨌든 각자에게 주어진 자리와 역할과 임무 같은 게 있잖아요. 그들은 그 시절을 추억하고 되새길 수 있는 자리에 있는 거고 지금은 또 다른 삶을 살고 있고요. 저는 그 시절의 일을 여전히 어깨에 짊어진 채 살고 있나봐요. 남들은 그냥 쉽게 얘기하고 깔깔 웃으며 지나갈 수 있는 일들도 저에게는 아직 현재진행형인 거죠.

임수경을 가장 쉽게 설명하는 수식어가 평양에 갔던 임수경, 북한에 갔던 임수경이잖아요. 그걸 어떻게 장점으로 잘 활용하느냐, 이게 사실은 소중한 자산이거든요. 남과 북에서 서로 활용할 수 있는 자산인데 아직까지는 그 장점을 활용하지 못하고 있다고 생각해요. 선거국면에서는 오히려 공격의 대상이나 빌미가 되고요. 민주정부 10년 동안 남북교류와 협력이 자연스럽게 진행되었는데 그걸 굴종과 퍼주기라고 매도하는 세력이 있죠. 최소한의 교류와 협력이 다시 자연스럽게 시작되는 계기만 만들어져도 좋겠어요.

기 싸움, 자존심보다 중요한 건 사람의 생존권

지 / 그런 면에서 국회의원이 되면서 포부도 있으셨겠네요.

임 / 이명박 정부 이후 남북교류 단절이 워낙 컸어요. 서해교전 같은 군사적 충돌은 그 전에도 있었지만 연평도 포격처럼 민간인 지역을 대상으로 한 건 한국전쟁 이후 처음이잖아요. 저는 두 번의 남북정상회담과 일상적 남북교류 협력만으로도 미래지향적 남북관계가 충분히 만들어질 거라고 생각했어요. 이제는 더 이상 민주주의도 남북관계도 거꾸로 가지 않을 거라고도 생각했고요. 그런데 금강산 관광이 중단되고 개성공단도 폐쇄되었죠. 게다가 연평도 포격, 이건 어느 특정한 사람들의 문제가 아니라 전체 국민들의 삶에 영향을 끼치는 거잖아요. 이런 극단적인 대결을 바로잡아보려고 정치권에 들어왔는데, 저는 89년의 임수경으로 다시 돌아가 그때부터 다시 뭇매를 맞고 공격의 대상이 되었어요.

정치적·이념적 지형은 더 안 좋아졌어요. 89년엔 저도 생기발랄한 대학생이었고, 정부는 북방정책이라는 이름으로 대북 포용정책을 시작하면서 대화도 했죠. 여덟 차례의 장관급 회담이 있었고, 남과 북의 총리가 왕래하면서 고위급 회담도 열리고, 점점 뭔가 다가오는 듯했어요. 냉전의 시대를 깨고 나아가던 때, 비록 저는 감옥에 있었지만 '조금씩 남북관계가 발전하면서 역사가 발전하고 있구나' 하는 생각에 흐뭇했어요. 대북 포용정책이라는 게 노태우 정부에서는 '북방정책'이고, 김대중 정부에서는 '햇볕정책'이라고 불린 거예요. 그렇게 탈냉전의 시대를 거쳐서 교류협력의 시대로 갔다가 다시 신(新) 냉전의 시대가 된 거죠. 지금 이 상황이 무척 답답해요.

지 / 적성국가라 여행도 못 갔죠. 지금은 유학도 가지만요.

임 / 철의 장막, 죽의 장막으로 불리던 시절이잖아요. 90년 독일이 통일되고 뒤이어 소련이 붕괴하고 동구권이 이어 무너졌죠. 그렇게 냉전시대는 끝이 났어요. 그런데 지금은 탈냉전을 겪은 뒤 다시 찾아온 신냉전이라 더욱 견고한 것 같아요.

지 / 우리만 아직도 이러고 있는 건가요?

임 / 요즘은 남북관계에서 휴머니즘이 완전히 실종되었어요. 국가정보원이 자신들의 명예를 지킨다면서 남북 정상의 대화록을 공개

했잖아요. 국가기밀 정보를 그런 식으로 정쟁의 대상으로 활용하면 안 되죠. 다른 나라에서 남북관계를 얼마나 주시하고 있는데요.

이런 식의 남남갈등, 이념적 대립을 이용하는 세력들이 생기고, 그게 국민들에게 먹히고, 결국 그렇게 되면 우리 국민들 살림살이만 더 나빠지게 되지요. 우리 앞에 놓인 갈등과 대결 국면을 극복해야 하는데 어떤 식으로 풀어갈 것인지 고민을 많이 하고 있어요.

지 / 통일이라는 단어에 대해서 요즘 젊은 층은 고리타분하게 생각하는 것 같아요. 고종석 선생도 통일에 관해 자신은 회의론자라고 말할 정도니까요. 통일운동 진영의 운동방식에도 문제가 있지 않았나요? 대중한테 제대로 접근하지 못했다는 평가가 있을 수도 있고. "7천만 온 겨레가 통일을 해야 한다면, 통일운동은 철저하게 대중운동이어야 한다"고 하셨죠?

임 / 저는 처음부터 그렇게 생각했어요. 그리고 현실적인 측면에서 통일보다는 기초적인 외교관계가 있는 나라 사이에 취해질 수 있는 그런 상태, 예를 들어 여권이 있으면 여행을 갈 수 있고 출입국이 자유롭고 기본적인 교류와 협력이 있는 상태가 필요하다고 생각해요. 통일이 되기까지 시간은 더 걸릴지 모르겠지만 적대적 상태는 개선할 수 있어요. 지금은 완전 역사의 시계가 거꾸로 가고 있네요.

지 / 금강산이나 개성공단에 갔다 온 사람들도 많으니까요.

임 / 외국에 가면 북한 식당도 많죠. 모든 게 다 차단되어 있던 때와는 달리 지금은 북한 출판물이나 정보가 많아졌고요. 물론 남북 간의 정치적 대립 때문에 더 못 나가는 측면도 있지만 완전히 감춰진 금단의 땅은 아니에요. 지금 중국이 북한과의 국경지대에 고속철도를 3개나 놓고 있는데 우리나라가 중국과 경제협력을 상당히 많이 하고 있잖아요. 중국에서 놓고 있는 고속철도는 물류를 위한 거예요. 우리가 중국을 배나 항공으로만 가야 하는 건 아니죠. 북한을 거쳐서 육로로도 오갈 수 있어야 하는데 왜 우리만 그걸 못하냐는 거예요.

지 / 박근혜 정부도 대북정책을 국내 정치용으로 활용하는 느낌을 주고 있어요. 국내 여론이 '빨리 대화를 하고, 적극적으로 진도를 나가라'고 목소리를 높이면 부담이 될 텐데요.

임 / 개성공단에 수십억 원씩 투자했던 사람들은 하루하루, 1분 1초가 피가 말라서 울고 하시는데 정부는 나 몰라라 하고 있어요. 저는 박근혜 대통령이 제발 선거 때 공약한 만큼만 실천했으면 해요. 후보 시절에 10·4남북공동선언에 나온 서해평화협력지대를 지킨다고 했어요. 개성공단을 국제화한다는 건 개성공단을 확대한다는 뜻이에요. 금강산 관광도 재개한다고 했고요. 강원도 고성은 휴전선 경계상에 있는 산간오지 마을인데 금강산 관광이 이루어지면서 얼마나 북적거렸나요? 그런데 지금은 유령마을이 됐어요. 가족들은 뿔뿔이 흩어지고 대출이자 못 갚아서 타지로 막노동 나가고 있어요. 팔순 노모는 숟가락 하나라도 덜겠다고 서울에 있는 딸네 집으로 거처를 옮기는 상황이에요. 제가 고성에 갔을 때 밥 먹으려고 식당을 세 군데나 돌아다녔어요. 점심 때인데 문을 연 식당이 없어서요. 손님이 없으니 문을 열 필요가 없었던 거예요. 식당, 숙박업소, 건어물 판매점, 기념품점, 다 그래요. 그 지역에서 박근혜 후보 지지율이 훨씬 높았죠. 그건 박근혜 후보가 대통령이 되어도 금강산 관광이 재개될 거라는 기대감이 있었기 때문이에요. 그분들에게는 생존권

문제인데 그건 지켜줘야죠. 지금 우리나라는 대통령 중심제고, 남북 관계는 대통령이 결단하면 되는 거예요. 대통령에게 가야 할 굉장히 많은 정보가 차단되어 있다는 생각도 들고요.

대통령에게도 제발 국민 속으로 걸어 나오세요, 가족 품으로 돌아오세요, 이렇게 말씀드리고 싶어요. 지금도 생각나요. 대통령 선거 때 얼마나 구슬프게 얘기했나요. 나는 부모도 없고, 재산을 물려줄 자식도 없어 국민이 가족입니다, 국민을 섬기면서 살겠습니다, 그랬잖아요. 제발 가족들 얘기도 듣고 가족회의도 했으면 좋겠어요(웃음). 정부의 격이나 기싸움, 자존심 같은 것보다 중요한 건 국민들의 생존권이잖아요. 개성공단에 입주한 123개 업체에 딸린 식구가 수만 명이고 매출 규모가 수십조 원이에요. 개성공단이 중단되고 97일 만에 열렸는데 그 석 달 동안 얼마나 힘들었겠어요. 그나마도 지금은 완전 폐쇄되었죠. 금강산 관광은 중단된 지 8년이 됐어요. 8년 동안 생업이 중단되니까 대리기사 하고, 상조회사 하고, 사채 갖다 쓰고, 이혼하고, 자살하고, 가정 파탄 나고, 그 피해가 이루 말할 수 없을 정도로 많아요.

지 / 언론도 문제예요. 남북 간에 위기나 갈등이 있으면 화해를 하라는 식의 제안을 해야 하는데요.

임 / 남북대화를 하라고 하는 사람들도 많이 있어요. 그런데 정부가 그걸 거들떠보지도 않는 거죠. 오죽하면 7·4남북공동성명 얘기를 꺼냈겠어요. 박정희 대통령 시절인 72년 7월 4일 자주, 평화, 민족 대단결의 세 가지 통일원칙을 남과 북이 동시에 발표한 게 7·4남북공동성명이잖아요. 다들 6·15와 10·4공동선언 얘기를 하면 굴욕적이다, 퍼주기다 이런 말만 하니까 대통령의 아버지도 북한과 대화를 했다, 김신조 일당이 청와대를 습격하러 온 지 불과 몇 년 안 된 시점에 자신을 죽이려고 무장공비 일당을 보낸 북한과도 당신 아버지는 대화를 했다, 이걸 기억했으면 좋겠어요.

지 / "89년이나 지금이나 우리가 넘어서야 할 대목은 북에 대한 무지 또는 공포다. 북한은 그냥 사람이 살고 있는 곳"이라고 하셨죠. 지금 분위기가 예전보다 더 나빠졌잖아요. 선거 때 종북 이야기가 먹히고, NLL 북방한계선 얘기 먹히고요.

임 / 훨씬 나빠졌죠. 지금 북한엔 김정은 체제가 들어섰는데, 김일성에서 김정일로 바뀌었을 때 남북관계가 확 나빠졌어요. 그때 북한은 경제상황이 굉장히 좋지 않았어요. 고난의 행군이라고 부르던 시절이었죠. 지금은 김정일 아들 김정은으로 바뀌었는데, 왜 김일성 시대, 김정일 시대의 유력인사가 나와야만 남북 간 회담의 격이 맞는다고 고집을 부리냐는 거죠. 새로운 정권과 인물에 대한 정보도 갖고 있지 못하면서요.

지 / 탈북자들이 북한 인권 얘기를 하고 집회를 하니까 국민들 눈에는 뭘 하는 것처럼 보이죠. 그런데 진보진영은 북한 인권에 대해 얘기하는 건 적절치 않다, 북한 정부를 자극하면 남북관계가 훼손될 수 있다고만 하니, 그게 일부 국민들에게는 진보진영이 북한 주민들보다 북한 정권을 먼저 고려한다고 비칠 수 있죠.

임 / 실제로는 그렇지가 않아요. 보수 쪽에서 워낙 나서다 보니 그렇게 보이는 건데 우리도 조용한 외교를 통해서 잘해왔어요. 이를테면 중국대사관 앞에서 시위하는 방식은 동의할 수 없어요. 탈북자들이 중국을 통해서 많이 나오다가 결국 루트가 막혔잖아요. 중국대사관 앞에서 자꾸 시위하니까 그렇게 된 거예요. 저는 베트남에서 탈북자들을 데려왔던 노무현 대통령의 결단이 훌륭한 예라고 생각해요. 공개적으로 비행기를 띄울 수는 없었어요. 그래서 베트남하고 조용한 외교를 통해 데려왔는데 그걸 「조선일보」가 보도했어요. 덕분에 더는 그런 식으로 못 데려오게 되었고요.

지 / 그것 때문에 남북관계도 경색되었죠.

임 / 남북관계뿐만 아니라 베트남과의 외교관계도 어려워졌어요. 라오스의 경우도 그래요.

지 / 보수 쪽은 잘 모르거나 아니면 위선적으로 하는 건가요?

임 / 실제로 인권상황을 개선하려는 의지와 진정성의 문제를 얘기하는 거예요. 남재준 전 국정원장을 보세요. 정치적 목적으로 국가기밀 문서를 마구 공개하잖아요. 국가기밀을 관리하는 정보기관의 수장으로서는 있을 수 없는 일이에요. 북한의 경제상황과 인권상황을 개선시키려면 어떻게 할 수 있을까요? 당장에 북한 정권이 붕괴되지 않는 한 조심스러운 접근이 맞다 그렇게 봐요. 중국, 베트남, 라오스는 우리나라와 북한, 양쪽과 동시에 외교관계를 맺은 나라들인데 지금같이 글로벌한 사회에서 애들 편 가르기 하는 것도 아니고, '너 북한 편들래? 남한 편들래?' 그래서는 안 되죠. 북한 정권의 편을 드는 게 아니고 그들의 입장과 우리의 입장을 조율하는 거죠. 진정으로 탈북자들을 생각한다면 조심스러울 수밖에 없어요. 탈북자들이 우리 사회의 구성원으로 살 수 있도록 지원법이 만들어진 것도 김대중 대통령 때예요. 그 전에는 솔직히 누가 관심이나 있었나요? 탈북자가 2만4천 명이나 되는데 얼마나 관심이 있죠? 남북교류와 협력을 주장하면서 북한의 인권상황이나 경제상황을 인식하지 못하는 사람은 없어요. 다만 인권과 경제상황을 실제로 개선하려면 먼저 서로 간에 신뢰가 쌓여야죠. 친구끼리도 싫은 소리는 조심해서 해야 해요. 너는 성격이 이상해, 이런 건 고쳐야 해, 이런 말은 아주 친한 친구만이 할 수 있는 거죠. 그렇지 않으면 뭐 이런 애가 다 있어, 하면서 서로 치고받고 싸우거나, 완전히 돌아서게 되잖아요.

지 / 박근혜 대통령은 "대화를 위한 대화는 안 된다"고 했어요. 친구관계를 생각해봐도 오해를 풀려면 일단 대화를 하면서 풀어가야 하는데, '난 쟤랑은 대화를 위한 대화는 하지 않겠어. 쟤가 오해를 풀 만한 빌미를 주지 않는 한 대화는 하지 않을 거야' 그렇게 나오면 답이 없거든요.

임 / 북쪽에서 볼 때도 마찬가지예요. 북은 수십 년 동안 김일성, 김정일, 김정은으로 바뀌었지만, 남쪽은 5년마다 대통령이 바뀌잖아요. 그러니까 그쪽에서도 이쪽이 파악이 안 되는 거죠. 일단 만나야죠. 꾸준히 만나서 대화를 해야죠. 금강산 관광사업만 해도 그래요. 거기에 투자된 시설이 있잖아요. 그 시설들을 일단 우리 정부가 인수를 해야 해요. 그 시설에 투자했던 기업이나 개인들에게 정부가 손실 보상을 해준 다음 북한에 대고 우리는 대화 안 해, 이제 금강산 관광 안 해, 그러면 되는 건데 투자기업들만 피해를 보고 있어요. 박왕자 씨 피격사건이 벌어진 비치호텔 사장님의 경우 금강산 관광사업에 140억 원을 투자했어요. 그중에 사채만 30억 원이고, 3부 이자를 쓰고 있대요. 그러면 이자가 얼마예요. 금강산 관광이 중단되니 수입은 하나도 없죠, 영업실적 제로니까 신용은 바닥이죠, 그러면 금리는 더 올라가고 대출은 더 안 되는 거죠. 그분들이 경영을 잘못해서 어렵게 된 게 아니라 정부의 5·24조치 때문에 그렇게 된 거잖아요. 그러면 정부가 신인도를 보장해주든가, 투자된 시설을 인수하든가 해서 최소한 사채는 쓰지 않게 해줘야죠. 그런데 모든 책임을 개인에게 돌리고 있어요.

지 / 북한 문제에서는 야당이 보수세력의 공세에 제대로 대응하지 못한 측면도 있다고 보는데요? 어쨌든 앞으로는 국민들을 설득할 방법을 찾아야 할 텐데, 어떻게 하는 게 좋다고 생각하세요? 어떻게 보면 보수들한테 역습을 당한 셈인데, 결국 보수를 설득해야 변화가 가능하지 않을까요?

임 / 제대로 대응하지 못한 건 정말 아프게 반성해야 하는 부분인데요. 남북문제에 있어서 일단은 진보-보수의 이분법적 사고에서 벗어나는 게 필요하다고 봐요. 남남갈등을 최소화하면서도 국민적 합의 수준을 높일 수 있는 분야부터 차분히 접근해야죠.

|제5부|

고백 그리고 두드림

지 / 아버님이 언론인으로 성공하신 분이죠. 「중앙일보」와 「경향신문」을 거쳐서 「서울신문」 사회부장까지 하셨으니까.

임 / 성공까지는 아니고요. 서울대 법대를 나오셨는데 너무 가난해서 고시공부를 못하고 바로 취업을 하셨대요. 기자생활을 오래 하셨는데 제가 초등학교 때 해직이 되어 실업자로 2년을 지내다가 문교부 대변인으로 가셨어요.

지 / 그게 박정희 정권 때죠.

임 / 네. 그리고 서울지하철공사 공보실장으로 가셨어요. 우리 아버지는 기자로는 짱짱하셨지만 출세를 하신 분은 아니었어요. 아버지 친구들은 대법원장, 국무총리, 감사원장까지 오르고 그랬죠.

지 / 선비 같은 데다 권력욕은 그다지 크지 않으셨던 분이군요.

임 / 우리 아버지가 전남 해남 출신이세요. 제가 어렸을 때 아버지가 본적을 종로구 평창동으로 옮겼어요.

지 / 호남 출신이라는 피해의식이 있었을까요? 문교부 대변인이나 서울지하철공사 공보실장에 그친 것도 출신 지역 때문에 그런 건 아닌가요?

임 / 남들처럼 출세가도를 달리지는 못하신 거죠. 몇 차례 걸림돌이 있었나봐요. 자식들까지 피해를 보면 안 되겠다 싶어 본적을 옮기셨다더군요. 그래봤자 원적이 남아 있는데요. 높은 자리에 못 올라간 대신 직장생활을 길게 하셨던 건 다행이죠(웃음).

지 / 당시에는 서울에서 태어났어도 아버지 고향에 따라 그 지역 사람 취급을 받았잖아요.

임 / 제가 서류상으로는 전남 해남군 현산면 출생인데 실제로는 서울 고려병원 1호 아기예요. 고려병원이 김구 선생님 돌아가신 경교장 자리인데 지금은 강북삼성병원으로 바뀌었죠. 다시 말하면 김구 선생님이 돌아가신 후 그 자리에서 태어난 첫 번째 아기죠(웃음).

지 / 아버님이 애주가라고 들었습니다만?

임 / 밤늦게까지 술을 드셔도 새벽 5시면 벌떡 일어나서 등산 가시는 분이었죠. 그런데 제가 2008년 오스트리아에서 공부하고 있을 때 아버지가 갑자기 뇌경색으로 쓰러져 중환자실에 실려가시는 바람에 급히 귀국한 적 있어요. 오는 도중 다행히 일반병실로 옮기셨고요. 뇌경색은 3시간 안에 응급조치를 하면 괜찮다고 해요. 재활 열심히 하셔서 지금은 괜찮아지셨는데 그때 술을 끊으셨다가 요즘 또 살살 드세요. 막걸리 한두 잔 드시는데 지금은 술을 드실 수 있을 만큼 건강하신 게 정말 감사하죠.

지 / 언론인 생활을 오래 하셨으면 돈도 좀 모으시지 않았나요?

임 / 그 시절 월급쟁이들이 어떻게 돈을 모아요. 애들 주렁주렁 있고 다달이 먹고살기 바쁘죠. 지금 사시는 평창동 집이 43년째 같은 집이에요. 한강다리를 넘나들며 여러 차례 이사도 다니고 해야 부동산 경기 덕도 보는 건데 우리는 그런 것과는 완전 거리가 멀어요.

지 / 천주교 세례명이 수산나였죠? 세례는 언제 받았나요?

임 / 초등학교 6학년 때 79년에 우리 가족이 모두 영세를 받았어

석방 후 문규현 문정현 신부님과 함께

요. 나는 수산나, 아빠는 베드로, 엄마는 엘리사벳, 오빠들은 보니파시오, 이냐시오, 언니는 로살리아. 나만 초등학생이라 8월 12일 먼저 받고 나머지는 어른들이니깐 한꺼번에 8월 15일 성모승천대축일에 받았죠. 저는 성당에서 성가대 반주도 하고 주일학교 선생님도 하고 열심히 다녔어요. 판문점 귀환으로부터 꼭 10년 전이네요.

가족의 고통, 아픔을 함께 나누면서

지 / 89년에 서울지하철공사 공보실장으로 계셨는데 막내딸 방북으로 해고당하거나 불이익은 없었나요?

임 / 승진은 못하고 계속 공보실장만 하셨어요. 아주 나중에 관리이사가 되셨고요.

지 / 박정희 시절이랑은 좀 달랐나요? 그때는 연좌제 같은 게 있었잖아요.

임 / 언니가 해직된 게 신문에 크게 났어요. 언니가 89년 2월에 대학을 졸업하고 프레스센터에 들어갔는데 해고되었거든요. 외신기자들이 자꾸만 "임수경 아버지도 해임되는 거냐?" 물어보곤 하니까 오히려 아버지를 해고시키면 안 되는 상황이었을 거라고 했어요.

아버지는 박정희 시절에 판문점, 국방부 출입기자도 하고 베트남 종군기자도 하시는 등 연좌제가 시퍼렇게 살아 있을 때도 신원조회에 아무런 문제가 없는 분이셨는데 막내딸 때문에 집안에 월북자가 있다는 둥 뒤숭숭했죠. 그때 큰오빠는 해병대 중위였어요. 김포에서 근무했는데 무사히 전역했어요. 지금 생각해보니 어디 끌려가서 조사받지 않았을까 싶은데 큰오빠는 지금까지 아무 말도 안 해요. 별탈 없었겠죠? 지난번에 연평도에 갔는데 우락부락한 해병대 군인 아저씨가 저를 막 쫓아와요. 왜 그러시지, 내가 또 뭔가 잘못했나 싶었는데, 우리 오빠 이름을 대면서 같은 부대에 있었다고 인사하러 오신 거예요. 반갑다고 달려오신 거죠.

지 / 식구들이 낙천적인 성격인가요?

임 / 아버지는 기자생활을 하셨으니까 사회현상에 관심이 많았고 오피니언 리더로 세상이 어떻게 돌아가는지 정도는 파악하고 계셨죠. 84년에 대학 3학년이던 작은오빠가 학생운동 하다가 군대 갔는데 7개월 만에 주검으로 돌아왔어요. 우리 식구들은 서로 속에 있는 말을 잘 안 하고 각자 삭히는 스타일들이에요.

지 / 오빠가 그렇게 갔으니까 딸도 잘못될까 걱정이 더 클 수도 있지 않았을까요?

158

임 / 큰 걱정은 안 하셨던 것 같아요. 88년도에 총학생회 활동을 할 때도 장학금 주니까 들어갔나보다 생각하셨어요. 89년 5월 3일에 충남대에서 전대협 출범식을 했는데, 그때는 심야버스가 없으니까 밤 10시만 넘어도 이동을 할 수가 없어요. 그래서 1박 2일로 대천해수욕장 MT 간다고 말씀드리고 참석했죠. 발족식을 마치고 다음 날 늦게 집에 돌아오니 분위기가 이상했어요. 저를 거의 투명인간 취급하고 늦게 귀가해도 혼내지도 않아서 왜 이러시나 했는데, 나중에 알고 보니 대천해수욕장에서 20대 여자 변사체가 발견되었다는 신문기사를 보고 화장실에 앉아 있던 아버지가 벌떡 일어나셨대요. 머리 묶고 빨간 잠바에 청바지 입고, 인상착의가 딱 저라고 생각하셨다나봐요(웃음).

지 / 머리 묶고 청바지 입은 여자가 한둘이 아닌데요(웃음).

임 / 그러게 말이에요. 그런데 대천해수욕장이라고 하니까 놀랐던 거죠. 엄마랑 언니가 펑펑 울면서 용산터미널에서 시외버스 타고 서산경찰서까지 갔다 왔대요. 그때는 휴대전화도 없고 통신이 지금처럼 발달하지 않았으니까 직접 가서 확인하는 수밖에 없는데 서산경찰서에 도착해보니 이미 신원이 확인되어 그냥 되돌아오셨다고 해요. 그런데 왜 그때 아버지가 그 변사체를 저라고 생각했을까요? 그 해 여름에 일어날 일을 미리 예견하셨던 걸까 싶기도 하고요.

지 / 그게 부모 마음이죠. 식구들은 약간 활발한 성격의 딸이나 동생으로만 여기고 있었는데 어느 날 뉴스를 보고 경악했을 거잖아요. '헉, 쟤가 평양에?' 이렇게요.

임 / 그랬는지 안 그랬는지는 식구들에게 물어봐야겠어요(웃음).

지 / 갔다 와서 안 물어봤어요?

임 / 감옥생활 몇 년 하고 나와서 "아빠, 그때 놀랐지?" 그렇게 얘기하긴 좀 그렇잖아요(웃음). 밤 12시 자정뉴스에 갑자기 막내딸 얼굴이 나오더니 기자들이 들이닥쳤대요. 아버지도 뭐 아는 게 있어야 대답을 하시죠. 아마 한숨만 푹푹 쉬고 계셨을 거예요. 그때 끊었던 담배를 다시 피우셨다고 들었고요. 언니는 운동권 근처에도 안 가본 사람인데 가족의 고통, 아픔을 함께 나누면서 그때 우리 가족이 단결이 되었던 것 같아요.

지 / 어머니가 태몽으로 금붕어 꿈을 꾸셨다면서요?

임 / 엄마 손 안에 예쁜 금붕어가 있었는데 그걸 보려고 사람들이 구름 같이 모여들었대요.

석방 다음날 아침, 보고 또 봐도 그리운 엄마. 내 딸 수경이 (1992. 12. 25)

지 / 어렸을 때는 어땠어요?

임 / 과묵한 소녀였어요. 키도 작고 내성적이고, 조용히 책 읽는 거 좋아하고요. 사춘기 지나면서 키가 훌쩍 컸는데 그때 성격이 활발하게 바뀐 것 같아요. 엄마가 학교를 너무 일찍 보내서 또래 친구들에 비해 등치가 훨씬 작았고요. 초등학교 1학년 때 맨 앞, 2학년 때는 두 번째, 중학교 때 세 번째 줄, 고3 때는 맨 뒷줄에 앉았어요.

지 / 어디서 살았어요?

임 / 태어났을 때는 서대문구 북가좌동에 살았어요. 탤런트 차인표 씨가 충암 유치원 동창이에요(웃음). 초등학교 1학년 때부터는 평창동에서 살았죠. 아직도 동네 친구들이 많아요. 워낙 오래 사니까 이웃이 다들 친구 엄마 아니면 엄마 친구예요. 그 동네 사람들은 이사를 자주 안 다니거든요.

지 / 들어가면 잘 안 나오는 동네죠.

임 / 우리가 이사 갔을 때 이효상 국회의장이 앞집에 살았어요. 우리 집 세 번째 아래는 권영길 아저씨 집이고, 그 아랫집에 남경필 오빠가 살았어요. 그 앞집은 지금 「동아일보」 사장님이고요. 남경필 지사는 아버지가 수원에서 사업을 하다가 국회의원 출마 때문에 수원으로 이사를 간 거고 그 전까지는 평창동에 계속 살았어요. 그것만 해도 대체 국회의원이 몇 명이야? 정몽준 의원님도 계시고 우리 동네 그 골목에서만 국회의원이 저까지 여섯 명이 나왔어요. 그런데 다 당이 달라요(웃음).

지 / 초중고는 어디어디 나왔어요?

임 / 상명사대부속초등학교, 상명사대부속여자중학교, 진명여자고 등학교. 학창시절은 재미없고 평범했어요. 그때 라디오를 많이 들었 죠. 「밤을 잊은 그대에게」, 「별이 빛나는 밤에」 등등. 「손석희의 음악 캠프」에 편지 보내서 방송 탄 적도 있어요(웃음).

지 / 책 읽기를 좋아했다는데 주로 어떤 책들을 읽었어요?

임 / 동화책이죠. 집에 계몽사에서 나온 100권짜리 어린이문고가 있었는데 전부 다 외울 정도로 여러 번 읽었어요. 『괴도 루팡』, 『정글 북』, 그런 걸 쭉 봤죠. 한글도 스스로 깨쳤어요. 아버지 보시던 40권 짜리 고전 명작선집은 중·고등학교 때 다 읽었어요. 하라는 공부는 안 하고(웃음).

지 / 한글을 어떻게 스스로 깨쳐요?

임 / 막둥이들은 다 그렇지 않나요? 누가 가르쳐주질 않잖아요. 어 머니 고향이 목포라서 다섯 살 때 엄마랑 서울역에서 목포까지 기차 를 탔는데 역 이름을 다 읽어서 깜짝 놀라셨대요.

지 / 어릴 때부터 언어감각이 뛰어났군요. 초등학교 입학하고 나서 도 한동안 한글을 못 깨치는 애들도 있잖아요.

임 / 그런 애들이 있긴 하죠. 저는 확실히 문과 체질이었어요. 수학 이나 과학은 젬병이고 국어, 국사, 세계사, 지리, 그런 과목을 좋아했 어요. 지금도 덧셈, 뺄셈을 하려면 한참 생각해야 되고 수리감각은 완전 빵점이에요. 한문과 프랑스어는 늘 만점을 받아서 프랑스어과 를 갔어요.

지 / 방북 직후부터 집 앞에 초소가 생겼다면서요? 언제 없어진 거예요?

임 / 드나드는 사람들을 체크하는 목적이었는데 가족들 입장에서는 엄청난 정신적 피해고 부담이었죠. 대문을 딱 열면 전경이 있으니까요. 제가 출소하고는 초소를 완전히 뜯어냈어요. 사건이 종료된 거죠. 저의 배후인물을 추적해야 된다는 이유로 설치한 거니까요.

지 / 84년에 작은오빠가 연세대 심리학과 다니다 입대했는데 군 복무 중에 사망했잖아요. 당시 운동권을 대상으로 녹화사업이 한창일 땐데 작은오빠 사건이 운동권에 투신한 계기는 아니라고 했지만 감수성이 예민할 때라 여러 생각이 들었을 텐데요.

임 / 제가 작은오빠랑 친했어요. 마장동에서 시외버스 타고 강원도 철원 전방부대까지 혼자 면회를 간 적도 있고요. 다음 주면 이등병에서 일병으로 진급하는 건데 그렇게 된 거죠. 집안 식구 모두 굉장히 충격이 컸어요. 그땐 억울해도 호소할 데가 별로 없던 시절이었잖아요. 아버지가 서울지하철공사에 다니셨는데 예편한 군인 출신 직원들이 달걀로 바위치기라고 문제제기하는 걸 다 말렸어요.

지 / 김훈 중위는 아버지가 장군 출신인데도 못 밝혀냈잖아요. 여러 가지 정황 증거로 볼 때 자살일 리가 없다는데도 말이죠. 오빠의 죽음이 큰 한이 됐겠네요. 국가나 군을 상대로 싸울 수도 없는 상황이라서.

임 / 그래도 나중에 의문사 진상규명위원회에서 당시 근무자들 조사하고 그랬어요. 오빠를 괴롭혔던 선임병을 조사한다면서 저보고 와보겠냐고 물었는데 무슨 이야기가 나올지 무서워서 안 갔어요.

오빠 친구들은 지금도 가끔 만나요. 학교 방송국 출신들이라서 방송사나 언론사에 근무하는 분들이 좀 있어요. 공지영 작가도 작은 오빠의 모습을 기억하는 오빠 대학동기예요.

제자를 위한 변명

지 / 93년 3월에 복학해서 그해 8월, 8년 만에 대학을 졸업하셨죠.

임 / 졸업식에 안 가고 집에 있었는데 기자들이 전화를 해서 왜 학교에 안 오냐고 성화였어요. 뒤늦게 달려가보니까 총장님도 저를 기다리셨다고 해서 아차 싶더라고요. 여름 졸업식이라 뉴스거리도 없고 제가 늦깎이로 졸업하는 특별한 학생이었잖아요. 졸업가운 입혀서 사진 찍어야 한다고 끝까지 기다리는 극성 기자들 때문에 그나마 대학교 졸업사진 한 장 남겼어요.

방북전 미리 찍어 둔 졸업사진으로 만든 책받침은 대학생들 사이에 인기리에 판매되었다.

지 / 복학에 대해서도 말이 많았잖아요. 특혜 아니냐고.

임 / 그랬나요? 전 몰랐는데 특혜는 아니에요. 징계를 받고 제적당한 게 아니고, 미등록 제적을 학교에서 복적시킨 사례는 꽤 있어요.

지 / 이듬해 3월에 서강대학교 언론대학원에 입학하셨죠.

임 / 학부 때 부전공으로 신문방송학을 택했어요. 학부

전공인 프랑스어로 대학원을 갈 생각은 전혀 없었고 언론보도에 피해의식이 있어서 일단 공부부터 해보자 생각했어요. 최대의 공격은 최대의 방어잖아요. 뭘 알아야 공격도 하고 방어도 하죠.

지 / 적을 알아야 이길 수 있다, 그거였나요(웃음)?

임 / 정말 치가 떨릴 만큼 언론의 속성을 겪고 나서 공정보도와 저널리즘, 시민의 알권리, 표현의 자유, 그런 주제들에 관심을 갖게 되었어요. 언론법제와 개인의 인격권에 법률적 지식이 필요하다 싶어서 방송통신대학교 법학과에 편입해서 졸업도 했고요.

지 / 언론에 한번 호되게 당하고 나니까 그걸 바로잡고 싶은 마음에 언론대학원을 선택한 거군요. 제일 부당하다고 생각한 보도는 어떤 거였나요? 겪어보지 않은 사람들은 잘 모르잖아요.

임 / 편파보도가 제일 문제인데 침묵도 극단적인 편파보도라고 생각해요. 일부러 보도하지 않는 것 말이에요. 뉴스의 가치를 측정하고 편집자들이 뉴스를 골라서 배치하는 과정에 문제가 있다고 느꼈어요. 언론의 속성을 정확하게 이해하고 비판하지 않으면 안 되겠다는 생각을 한 거지요. 지금도 국정원, 여당, 집권세력이 언론과 함께 맞물리면서 국민을 우민화시키고 있잖아요. 그래서 대학원 공부, 박사과정을 특히 열심히 했어요. 공부하지 않으면 역사의 진실이 묻히니까요.

지 / 감옥에서 나오니까 아버님이 신문기사 스크랩을 다 해두셨다면서요? 그걸 보면서 언론에 대한 유감을 더 느꼈을 것 같은데 기본적으로 언론이 사실 확인을 제대로 하고, 인격권을 보호할 수 있는 장치는 어떻게 마련해야 된다고 생각하세요? 민주화하고도 관련이 있는 문제인데요.

임 / 법적, 제도적 장치는 충분히 되어 있어요. 언론의 문제점은 언론인 스스로도 고칠 수 있지만 더불어 그 언론을 접하는 독자나 시청자들, 즉 시민일 수도 있고 유권자일 수도 있는 사람들이 계속 자각해서 바꾸어나가는 게 중요해요. 언론보도를 있는 그대로만 받아들이지 말고 쌍방향으로 계속 문제제기를 해나가야죠. 요즘은 1인 미디어 시대이고 인터넷이나 SNS 등 매체도 다양해져서 과거처럼 언론환경이 숨 막힐 지경은 아니잖아요. 한편으론 정보 과잉의 시대죠. 의식 있는 시민들이 다양한 매체들을 접하면서 늘 깨어 있도록 하는 노력이 필요하다고 봐요.

지 / 언론이 이래서 이런 속성을 가지고 있구나, 그런 부분들을 학술적으로 깨치거나 한 게 있나요?

임 / 깨치긴요. 그냥 끊임없이 공부하는 거죠. 늘 공부에 대한 갈증이 있었어요. 그래서 열심히 공부하고 미국과 오스트리아에 유학도 가고 했는데 늘 부족하고, 아직도 갈증이 있어요.

지 / 살면서 가장 힘들었던 기억은 아들을 수영장에서 사고로 잃었을 때였겠죠?

임 / 국회의원이 되고나서 저를 비난하는 사람들이 제 사진을 밟으면서 국회의사당 앞에서 화형식 시위를 할 때, 처음으로 아들이 없어서 다행이라는 생각을 했어요. 애가 살아서 그걸 보았으면 얼마나 충격을 받았을까 싶어서요. 아들은 저를 너무너무 좋아하고 자랑스러워했어요. 정말 이쁜 아이였죠.

귀여운 아들 재형이와 임진각 자유의 다리 앞에서

지 / 그때 외대 김정기 명예교수님이 「임수경을 위한 변명」이라는 글을 신문에 기고하셨잖아요.

임 / 김정기 교수님은 대학원 박사과정 때 제 은사선생님이신데 초대 방송위원장도 역임하신 원로교수이셔요. 신방과 교수님답게 기고도 적극적으로 하셨죠. 임수경에게 박사논문을 쓰게 하려고 아이를 잠시 연수 보내게 한 건데 불상사가 생겼다, 그래서 굉장히 미안한 마음을 갖고 있다, 그렇게 쓰셨던 것 같은데요. 무슨 일이 있어도 여름방학까지는 논문의 드래프트를 마치라고 하셨어요.

지 / 그분은 얼마나 미안했겠어요. 아이가 그렇게 되어버렸으니….

임 / 교수님 때문이 아닌데 왜요. 엄마인 제가 아들에게 제일 미안하죠. 평생 가슴에 지워지지 않는 멍이에요.

지 / 한동안 불교에 빠져들었죠? 아들 일을 겪은 뒤 속세를 떠나고 싶었나요?

임 / 종교적으로 적극적이었던 건 아니고요. 먹여주고 재워주는 데가 절밖에 없었어요. 절에서는 아무렇지도 않은 시선으로 대해주고요. 속세를 떠나려고 했다기보다 못 돌아온 거죠. 며칠만 머물려고 했는데 아이 49재 마치고 내려가자, 올 겨울만 보내고 내려가자 하다가 1년 넘게 계속 머물렀던 거예요.

지 / 노무현 대통령 돌아가셨을 때도 그 자리를 못 떠났죠?

임 / 그때는 봉하마을에서 정말 못 나오겠더라고요. 7일장을 하는 동안 내내 그곳에 있었죠. 정토원에서 49재 지낼 때도 매주 갔어요. 정말 처절한 죽음이었잖아요. 아직도 봉하에 가면 가슴이 먹먹해요.

제가 아들을 잃고 해인사에 있을 때 노무현 대통령 내외분이 해인사를 방문하셨어요. 절에 들어간 시기가 7월인데 9월 초에 오셨으니까 불과 한 달여밖에 안 되었는데 매일 절에서 기도하고 생활하니까 절에서 하는 인사법이 몸에 배어서 두 분에게 자동적으로 합장을 하며 절을 했거든요. 대통령님이 똑같이 따라하시더라고요(웃음). 그리고 손을 꼭 잡아주셨어요. 그땐 MSN 메신저를 많이 썼는데 초등학생 아들 메신저 이름이 '노무현 응원'이기도 했어요. 그렇게 인연이 시작되고 이어졌나봐요.

지 / 그때 댓글들 보면 너무 악독하더군요. 그런 일을 겪고 나서 송사에 휘말리는 것도 썩 달갑지는 않았을 텐데요.

임 / 경북대 김두식 교수가 미국 코넬대학교에서 함께 지내던 친구인데요. 해인사에서 제일 가까운 도시가 대구거든요. 대구역에서 만나 같이 밥을 먹는데, 김두식 교수가 악플에 대처를 해야 한다고 권유했어요. 그 전까지는 그런 악플이 있다는 것도 몰랐어요. 소송은 변호사가 다 했고, 저는 언론학도로서 이런 부분에 대해서는 경고를 하고 가야 된다, 기록으로 남겨야 한다, 법원의 판례로 남겨야겠다, 그런 생각을 했던 거죠. 나중에 변호사가 송달해준 고소장을 보고서야 비로소 그런 댓글이 있다는 걸 알았어요.

지 / 인터넷 댓글로 처벌을 받은 최초의 사례라고 하던데요?

임 / 벌금형을 여러 명이 받았죠. 그 사건은 제 기억의 메모리에서 사라진 지 오래예요. 뭐 좋은 거라고요. 애써 잊었어요. 제가 그 악플들을 읽어봤을 거라고 생각했어요?

지 / 읽어보고 화가 크게 날 수도 있잖아요. 유명인들은 자기 기사 가끔 찾아보기도 하니까요.

임 / 국회의원들은 맨날 자기 이름 검색해본다고 하던데 저는 일부러도 안 해요. 어쩌다 필요할 때가 있기는 하지만요. 오히려 기사에 제 이름이 뜨면 가슴이 철렁하죠(웃음).

지 / 96년 7월 12일 아들 재형이를 출산했잖아요. 100일 때쯤 두어 개 언론사와 인터뷰를 하면서 행복한 모습을 보이셨고요. 「경향신문」에 "방북, 3년여의 수감생활. 그녀의 스무 살은 너무나 버거웠다. 결혼과 출산의 고통 속에서 다시 태어났다. 세상과 사람들에 닫혀 있던 마음도 열렸다"라고 나왔더군요.

임 / 「레이디경향」인 것 같은데요? 아이 낳고 너무 자랑스러워서 그때까지 피하던 여성지 인터뷰를 자청해서 했어요. 「주부생활」 기사가 더 재미있어요. 모유 먹이고, 천기저귀 빨아서 뽀송뽀송 햇볕에 말리고, 애기가 너무 이뻐서 초등학교 때까지도 맨날 업고 다니곤 했는데 그때가 제 인생에 제일 행복했어요.

지 / 당시 임산부들을 위한 요가교실을 했었죠? 혜화로터리에서 성북동 쪽으로 조금 들어간 곳에 있는 빨간 건물 2층에서 '좋은 엄마를 위한 모임'을 운영했다면서요? 어떻게 그런 거 할 생각을 한 거예요?

임 / 제가 임산부 요가를 해서 아이를 쉽게 낳았거든요. 제왕절개 수술을 해야 하는 상황이었는데 수술 안 하려고 열심히 운동하고, 호흡법도 배우고 노력 많이 했어요. 진통이 와서 병원에 갔는데 수술할 의사선생님이 병원 오다가 교통사고가 나서 늦게 도착하신 거예요. 그사이 얼결에 자연분만을 했는데 너무 평화로웠어요. 그 느낌을 다른 엄마들에게 전하고 싶어서 요가지도자과정 이수도 하고, 요가교실을 직접 운영했는데 엄마들이 많이 고마워했죠. 그때 임산부들은 또래 엄마들이고 같은 세대였으니까 공감대도 있었고요.

임수경의 강의 노트

지 / 97년 8월에 서강대학교 언론대학원 졸업할 때가 애기 첫돌 무렵이었네요. 논문 제목이 「국가보안법 사건의 언론보도와 인격권 보호에 관한 연구」, 자신을 연구한 거군요(웃음).

임 / 국가보안법 사건이 저만 있었던 건 아니지만 제 사례도 물론 포함되었죠. 석사논문이니까 깊이 있는 연구는 못 했어요. 약간 스캐닝하는 정도였죠.

지 / "1989년부터 1996년까지 국가보안법 관련 사건에 대한 언론보도로 인해 인격권을 침해하여 언론중재위원회와 법원에 소송이 제기된 사례를 분석대상으로 삼은 것"이라고 했던데요. 기억에 남을 만한 사건이 있었나요?

임 / 언론사를 대상으로 언론중재위에 제소하고 법적 문제를 제기하는 게 역사가 사실 얼마 되지 않았어요. 특히 국가보안법 사건의 경우는 더욱 어렵죠. 만약 논문을 다시 쓴다면 국가보안법뿐만 아니라 여러 종류의 정치적 사건을 분류하고 그걸 포괄적으로 해서 다른 언론의 프레임을 분석하는 걸 연구하면 좋겠다는 생각이 들어요. 아무튼 이전에는 없었던 주제였다는 데 의의가 있었을 뿐 잘된 논문은 아니었어요. 나중에 박사과정을 해보니까 알겠더군요.

지 / 논문에 "뉴스 취재원이 제공한 정보를 확인 없이 일방적으로 보도한 경우가 50퍼센트였고, 확인 가능한데도 이를 소홀히 한 채 보도한 경우가 20퍼센트나 되는 등 언론이 국가보안법 사건을 다루면서 대체로 심하게 인권침해를 하는 것으로 나타났다"고 하셨는데, 요즘도 검찰이 발표하면 그대로 받아쓰고 당사자한테는 확인을 거치지 않는 잘못된 보도관행이 있죠. "그 결과 소송이나 중재신청을 거쳐 언론이 사후 정정보도문을 실은 비율이 92.2퍼센트에 달했다"고 했는데, 10건 중 9건 이상을 정정보도 했다는 얘기네요.

임 / 잘못된 보도관행이 점점 더 심해지고 있죠. 뿌리 깊은 그들만의 커넥션이나 카르텔을 어떻게 극복할 수 있을까요? 일반적으로 언론사는 정정보도에 매우 인색한데 국가보안법 위반사건이 훨씬 높게 나온 이유는 그만큼 무차별 보도를 했다는 뜻이죠. 그런데 그렇게 문제제기를 하는 절차가 좀 까다로워요. 그래서 저는 대학에서 강의할 때 언론중재위원회에 언론중재 신청을 해보는 걸 늘 과제로 냈어요. 대학생이면 적어도 자기의 문제든 혹은 다른 사람의 문제든 언론중재 신청을 할 수 있어야 된다는 거죠. 잘못된 언론보도, 허위보도, 과장보도 등 여러 가지 오보로부터 시민의 권리를 지켜내는 것, 그것이 진정한 민주주의 사회이고 깨어 있는 시민의 역할이라는 점을 강조해서 가르쳤어요.

지 / 아주 중요한 수업이었네요.

임 / 우리나라의 언론중재 제도나 피해구제 제도가 비교적 잘되어 있어요. 그런데 그걸 이용하지 않거나 이용할 줄 모르면 안 되잖아요. 그래서 늘 과제로 내서 해보게 했어요. 과제에 대한 피드백도 일일이 해주고, 시간강사 치고는 시간과 열정을 많이 투자했던 강의였죠. 열심히 준비한 강의내용이 너무 아까워서 '임수경의 강의 노트'라는 책을 하나 출판하려다 안 냈어요.

지 / 국회의원이어서 기자들도 많이 만날 텐데, 공정보도 얘기하고 치열하게 취재해서 탐사보도하던 시절에 비하면 지금 기자들 정신은 많이 약해진 거죠.

임 / 정치부 기자들이 많이 젊어졌어요. 예전에는 여러 부서 거쳐서 정치부에 오곤 했는데 요즘은 수습 떼고 바로 정치부에 오는 경우도 있더라고요. 매체도 너무 많아져서 정치 기사에까지 속보 경쟁을 해요. 전체적 흐름이나 맥락을 보고 역사적 과정을 짚어야 하는데, 눈앞의 현상만 보잖아요. 단어 하나에 집착하고 개인적인 사소한 실수를 단독 보도라며 대서특필, 침소봉대 하고 씁쓸할 때가 많아요. 정치가 희화화되는 것은 언론에 대부분의 책임이 있어요.

지 / 출소 후 「한겨레」에 '분단의 벽을 넘어'라는 기획기사도 연재하고 KTV에서 방송도 했는데 언론인의 정체성도 있으신 건가요?

임 / 「한겨레」에 총 13회를 연재했는데 그게 보통 일이 아니더라고요. 매일 신문을 만드는 언론인의 땀과 노력을 알게 되었죠. 김종구 선배가 데스크였는데 원고료도 잘 챙겨주시고 도움을 많이 받았어요.(웃음) 「서울신문」이 「대한매일」일 때 칼럼도 썼고 「뉴스피플」 주간지에도 연재했어요. 월간 「말」지나 해인사에서 발간하는 월간 「해인」지에는 인물 인터뷰 기사를 썼고요. KTV뿐만 아니라 라디오 방송도 참 재미있게 했어요. 라디오는 청취자들과 아주 가깝게 느껴지는 매체거든요. 저는 라디오 방송이 좋더라고요. 크고 작은 공연이나 집회, 강연에 단골 사회자, 연설자, 강사로도 활동했어요.

임수경과 함께 하는 평화 콘서트 (일본 도쿄 아까바네 회관, 2002. 3. 29)

지 / 북한 가서 있었던 얘기나 통일 관련 얘기들을 주로 했나요?

임 / 그런 얘기를 포함해서 우리 사회의 여러 가지 주제들을 두루 다뤘어요. 영화 이야기도 하고, 시도 읽고, 인물, 역사, 여행 이야기 하면서 음악도 듣고요. 아르헨티나 민중가수 메르세데스 소사가 돌아가셨을 때는 추모 특집방송도 하고 그랬죠. 제가 처음 소개한 니카라과나 칠레 음악이 KBS 「세상의 모든 음악」 같은 프로그램에 선곡되면 흐뭇하기도 했고요.

지 / 98년 8월에 「서울신문」에 칼럼을 기고하면서 "이때 세상은 나를 통일운동가로 불렀다"라고 하셨는데요.

임 / 임수경이라는 이름 뒤의 괄호 안에 뭐라고 집어넣기가 애매했어요. 어떤 때는 괄호 열고 통일의 꽃, 괄호 닫고, 이런 식이라 되게 웃겼어요(웃음). 마땅한 수식어가 없었으니까요.

지 / 첫 번째 쓴 칼럼이 '언론의 임무'에 관한 걸로 아는데 언론에 대한 문제의식의 연장이었네요.

임 / 그때 제가 굉장히 학구적이었어요. 박사과정으로, 시간강사로 2010년까지 학교에 있었는데 답을 못 찾았어요. 중간에 오스트리아에서 평화학도 공부했고, 계속 학문에 대한 갈망과 갈증으로 뭔가를 열심히 찾았는데 명쾌한 답은 못 얻었던 것 같아요.

지 / 여행을 많이 다니신 것 같은데 어디가 좋았어요?

임 / 여행지는 가는 데마다 다 좋아요. 2003년에 안나푸르나에 갔던 게 가장 좋았죠. 대부분의 사람들은 뭘 하는지도 모르면서 아등바등 바쁘게 살잖아요. 안나푸르나는 베이스캠프가 있는 4,130미터까지 올라갔어요. 올라가다 보면 저 밑에 마을이 개미처럼 보여요. 무엇 때문에 저기서 그렇게 바쁘게 살았나 싶은 거예요. 그리고 더 올라가면 그 마을도 안 보이고 산과 나 자신만 있죠. 올라갔다, 내려갔다, 올라갔다, 내려갔다, 다리도 건너고 고개도 건너다보면 첩첩산중에 또 마을이 나타나요. 우리는 트레킹 장비를 잔뜩 챙겨서 올라가는데 거기 애들은 슬리퍼 신고, 동생 업고 뛰어올라 다니죠. 내가 살아가는 곳이, 내가 소유하는 것이 얼마나 부질없는 것인지 깨닫게 되면 그제야 마음의 여유가 생겨요. 그때 아이가 초등학교에 입학하고 첫 번째 여름방학 기념으로 히말라야 트레킹을 간 건데 제법 씩씩하게 잘 올라가서 오히려 제가 허덕거렸어요. 일곱 살 최연소 등정이라고 「소년한국일보」 1면에 나오고 그랬죠.

그때 등산에 재미 붙여서 국내외 산들을 많이 다녔어요. IMF 때 직장 잃은 가장들이 양복 입고 출근하는 척 나와서 산에 올라갔잖아요. 그 심정 이해하겠더라고요. 가슴이 답답하고 복잡할 때 산에

안나푸르나 베이스캠프 4,130m 가는
길, 초등학교 1학년 재형이와 함께
(2003. 8. 5)

"힘든 산행 이겨낸 것처럼 통일세상도 꼭 이뤄요" 임수경·
최재형 모자, 안나푸르나 봉 베이스캠프 등정 '화제' (2003.
8. 31일자 소년한국일보 1면)

가면 해법이 나와요. 여
름 한철에 한라산을 네
번씩 올라간 적도 있고
가야산은 수십 번 올라
갔다 왔어요. 요즘은 산
에 못 가서 좀 우울하죠. 혼자 산에 다니면 위험하기도 하고, 한가해
보이기도 하니까 다니지 말라고 하더라고요.

지 / 움직이는 걸 별로 안 좋아할 것처럼 보이는데요? 하긴 89년에
도 백두산에서 판문점까지 걸었으니까(웃음).

임 / 의외로 빨빨거리고 돌아다니는 걸 좋아해요. 2008년에 오스
트리아에서 학교 다닐 때는 주말마다 기차 타고 유럽의 이곳 저곳

미국 코넬대학교 유학 시절 (1999. 4)

시골 촌구석까지 많이 돌아다녔어요. 비엔나에서 야간열차를 타면
피렌체도 가고 취리히도 가거든요. 기차여행, 도보여행을 좋아해요.
부산에서 배 타고 현해탄 건너가서 하카다에서 홋카이도까지 일본
열도를 기차로 횡단한 적도 있어요. 요즘은 남미음악이 너무 좋아서
가사를 알려고 스페인어를 공부하는데 언젠가 건강과 시간에 여력
이 있다면 남미여행을 제대로 해보고 싶어요.

제 6 부

국회에서는

게으른 국회의원은 단 한 명도 없더라

지 ∕ 2012년 초 「백지연의 피플 INSIDE」에 출연하여 "남성 486 정치인들은 매우 비겁하다"고 농담처럼 말씀하셨죠?

임 ∕ 그 발언에 대해 많이 반성했어요(웃음). 막상 제가 들어와보니 개인의 달란트만 가지고 할 수 있는 게 아니더군요. 정치, 그리고 정치하는 사람이 비겁하다고 생각한 걸 반성하게 되었어요. 그동안 제가 국회를 너무나 쉽게 평가하고, 재단했다는 걸 깨달았어요. 밖에서 볼 때는 '청년 시절에 가치를 공유했던 사람들이 왜 저렇게밖에 못하지'라고 생각했는데 그게 아니더라고요.

지 ∕ 486의 경우 학생운동 경험이 정치적 자산일 수 있잖아요. 국민들 역시 그들에게 바라는 것이 있는데 현실 정치권에서 무기력할 수밖에 없다니 좀 아쉽네요.

임 ∕ 무기력하다는 건 아니고요. 퍼즐을 맞출 때 여러 개의 조각이 있어야 하잖아요. 정치에는 변수가 많아요. 나는 얌전히 운전하고 있는데 음주운전 차량이 들이받는 경우처럼 예상치 못한 일이 벌어지죠. 정치인은 위기관리 능력이 뛰어나야 해요.

사실 국회의원은 많은 일을 할 수 있죠. 실제로도 하고 있고요. 국회의원은 보이지 않는 곳에서도 많은 일을 하거든요. 국민들은 눈에 보이는 것만으로 평가하면서 '왜 저만큼밖에 못하지?'라고 생각하게 마련이고요. 국회에 들어와보니 게으른 국회의원은 단 한 명도 없더라고요.

지 ∕ 국회에 출석하지 않는 의원들이 지역구에서는 열심히 인사하고 다니잖아요. 그게 정치인으로서 잘하는 건지는 의문이네요.

임 / 지역구 국회의원이 지역에 부지런히 다니는 게 욕먹을 일은 아니죠. 피치 못할 사유로 회의에 불출석하는 경우도 종종 있고요. 의원활동에 대한 우선순위가 다른 것일 뿐 옳고 그름의 문제는 아닌 것 같아요.

다시 486 얘기로 돌아가면 정당정치와 시민정치를 구별할 필요가 있거든요. 우리 지지자들은 거기에 대한 구별 없이, 즉 학생운동을 하다가 사회단체를 거쳐 이제는 정당정치 영역에 들어온 486 정치인들을 예전과 같은 시선으로 바라보니까 늘 만족스럽지 못하고 부족하게 여겨졌던 것은 아닐까 생각되더라고요. 이미 정당정치 영역에 들어섰는데 학생운동 시절이나 시민단체 활동가와 같은 수준의 역할을 기대하는 거죠. 하지만 제도권 정당정치는 분명히 다른 메커니즘과 시스템이 있어요. 너무 쉽게 재단해서 평가하거나 심지어 폐기처분 대상으로 버리지는 말아주셨으면 해요.

지 / 물론 맞는 말이지만, 정치는 이미지가 상당히 중요하잖아요. 유시민 전 의원은 호불호가 갈리기는 하지만, '나이에 비해 감각이 젊고, 정치인 치고는 신선하다'는 이미지를 주지만, 486들이 벌써 노회해졌다는 이미지 역시 존재하죠. 그런 걸 극복하고 넘어설 필요가 있지 않나요?

임 / 국회의원으로서의 이미지보다 학생운동 시절의 이미지가 더 강렬해서 그런 건 아닐까요? 저도 늘 고민이 되더라고요. 20대 학생 시절의 모습만 기억하고 있는 분들에게는 지금의 제 모습이 낯설죠. 패기가 떨어졌다, 그때처럼 열심히 싸워봐라 하시는 분들도 있고요. 낼모레 오십인데 얼굴이 많이 달라졌다고 하시면 저도 당혹스럽죠. 국민의 삶과 요구는 각양각색인데 국민의 눈높이에서 뭔가를 해결하고 사회가 더 나아지게 하고 하려면 많은 고민과 노력이 진짜 필요해요. 상임위도 그렇고 특위나 국정감사 때도 누구보다 성실하게 열심히 한 것 같은데, 의정대상도 받고 국정감사 우수의원 상을 매년 받았어도 정치는 성적순으로 평가할 수 없는 영역인가 봐요.

지 / 출석률이 높은 의원 5위 안에 들어간다고 들었어요.

임 / 개근상이라도 타야죠(웃음). 국회의원은 국회 일정이 최우선이니 당연히 출석해야 한다고 생각하지만 가치의 중심이 다른 분들도 있는 거니까요. 외부일정이 있다고 빠지는 게 좋아보이지는 않죠. 그런데 가끔 두 가지 회의가 동시에 진행될 때도 있어요. 물론 자리를 지킬 수 있으면 좋겠지만, 피치 못해 본회의장을 비우는 경우도 있는 건데 출석률 순위를 매기는 건 언론이 비판을 위한 비판을 하는 것 같아요. 제가 자주 빠졌다면 자기변명일 수도 있겠지만, 저는 거의 대부분 출석하니까 이런 말도 할 수 있어요.

지 / 국민들은 다 잘하기를 원하죠. 의정활동도, 지역구 활동도, 출석도 전부 잘하기를요. 학생운동을 할 때는 물론 정치를 하면서도 언론에 많은 피해를 입었는데요. 언론정상화특별위원회에 활동하기도 했죠?

임 / 잠깐 하고 끝났어요. 특위라는 게 만들어졌다가도 금방 없어지곤 해요. 최근까지 국회 동북아역사왜곡 특위, 창조경제 활성화 특위, 평창 동계올림픽 및 국제경기지원 특위에서 활동했고, 중동호흡기증후군(메르스) 대책 특위에도 참여했어요. 해당 상임위 외의 다른 정부 부처나 의원들과 일할 수 있는 좋은 기회죠.

지 / 사실 새누리당은 정치적 쇼를 잘해요. 일례로 19대 총선에서는 이자스민을 비례대표 후보로 내세워서 이주민들이나 다문화에 관심이 많은 것처럼 포장을 했죠. 다문화 관련 대선공약은 지키지 않으면서요. 민주당에는 그런 게 부족하지 않았나 싶어요.

임 / 새누리당이 이름 바꾸고, 색깔 바꾸고 하는 것도 엄청난 일이었다고 생각해요. 그 사람들은 뭔가 반대건, 찬성이건 치열하게 토론하는 걸 본 적이 없어요. 우리 당은 찬반토론을 아주 치열하게 하거든요. 결국은 당 지도부의 결정에 위임하는데 대부분이지만 각자의 의사표현을 충분히 해요. 민주적인 의사결정 과정인데도 불구하고 밖에서는 허구헌 날 싸우고, 분열하는 당으로 비춰지는 거죠. 우리 당이 새누리당처럼 쇼를 못하는 건 사실이에요. 지방선거 때 새누리당이 '완전히 바꾸겠습니다.' 피켓 들고 전국 곳곳에서 절하고 비 맞고 읍소하던 거 생각나세요? 그게 국민들에게는 먹히잖아요. 우리 당은 보여주기 식은 되도록 안 하려는 입장인데 국민들은 그러시죠. 쟤들은 쇼라도 하는데 니들은 뭐 하고 있니? 이렇게요.

지 / 정치 입문 시기가 적절하지 않았다고 생각하신 적은 없나요? 좀 더 일찍 했거나, 차라리 더 늦게 하는 게 어땠을는지….

임 / 그러게요. 결과론적이지만 지금 생각해보면 그래요. 10년 전부터 여기저기서 출마 제의가 있었지만 제가 할 일은 아닌 것 같아서 거절했어요. 나이가 젊기도 했고, 배움이 부족하다는 생각도 했고, 하고 싶은 다른 일도 많았고요. 그냥 양심적인 시민으로 살아도 좋겠다 싶었죠. 저는 정치보다 공부하는 게 좋았어요. 정치는 책임을 져야 하는 거잖아요. 저는 그동안도 어깨가 너무 무거웠기 때문에 책임에서 좀 벗어나 생활인으로 살고 싶었어요.

임수경은 지지와 비판이 극명하게 갈리는 경계에 있는 사람이라 폭넓은 지지보다는 논란이 많을 수밖에 없고, 첨예하게 대립하는 남북분단 상황에서 북한과 관련 있어 보이는 정치인은 상대방의 공격에 아주 취약한 고리가 되죠.

지난 대통령 선거에서 정권교체가 될 거라 생각하고 국회에 들어왔는데 임기 초반부터 여기저기서 수시로 날아오는 맹비난과 강펀치에 정신을 차릴 수가 없었어요. 아침에 눈을 뜨면 오늘은 또 어디서 무슨 사건사고가 터질라나 하며 하루를 시작하곤 했죠(웃음). 지금은 숙명처럼 받아들여요. 저를 거칠게 비난하는 분들까지 설득할 수 있어야 한다고 생각해요. 설득해서 내 편을 만들 자신은 없지만 노력은 계속 해봐야죠. 사실 제가 그리 극단적인 사람이 아니거든요. 보수언론에서 저를 강경파로 분류하던데, 저는 정말 물렁이 순둥이에요(웃음). 그동안의 삶의 궤적으로 강경파로 일단 놓고 보는 거죠. 규정당했다고나 할까요.

지 / 의정활동을 했던 게 앞으로 일정한 담론들을 생산해나가는 데 도움이 될 거라고 생각하세요?

임 / 그럼요. 국회에서 정말 배운 게 많아요. 국회의원이 일을 하려면 한도 끝도 없어요. 대한민국 사회의 구조와 기능을 체계적으로 접하고 있다고나 할까요. 그동안 내가 정말 아는 게 없었구나 생각할 때도 많아요. 실제로 국민의 삶을 변화, 발전시킬 수 있도록 이어가는 동력을 계속 찾아야죠.

남북관계를 풀 수 있는 마지막 카드

지 / 앞으로 정치권에서 활동하든, 시민사회 쪽에서 활동하든, 학계에서 활동하든, 통일문제나 남북관계와 관련하여 일정한 역할을 해야 될 텐데요.

임 / 국회의원을 한번 했으니 앞으로는 뭘 하며 살든 계속 '전 국회 의원'이죠. 예전에는 사람들이 저에게 공인이라고 해도 저 스스로는 개인적으로 살겠다고 하는 게 용납이 되었지만 이제는 당원으로서 우리 당의 철학과 가치에 맞게 지지층을 넓히면서 살아야 할 것 같아요. 정당이 추천한 비례대표 국회의원이니까 평생 당을 위해 봉사하고 활동해야죠. 우리 당이 추구하는 가치가 평화적 교류협력을 통한 남북관계 개선인데 요즘처럼 남북대결이 극심한 상황에서는 오히려 당에 누를 끼치는 건 아닌지 싶어서 애써 안 나서고 있어요.

지 / 남북관계는 대통령 아젠다라서 국회의원으로서는 한계가 있죠. 남북 관계의 실타래를 풀 의지가 있으면 조언을 듣겠지만요.

임 / 당장은 제 입지가 좁고, 할 수 있는 일도 제한되어 있지만 큰 틀에서 보면 남북관계를 풀 수 있는 마지막 카드 역할을 할 수도 있지 않을까요? 그러기 위해서는 우선 국회의원 임수경이 국민들에게 신뢰를 얻어야죠. 묵묵히 최선을 다해야겠죠. 진심은 통하는 법이라고 생각해요.

지 / 그럼 의정활동 얘기로 가볼까요.

임 / 국회 안전행정위원회^{안행위}와 여성가족위원회^{여가위}에서 활동했어요. 외교통일위원회와 미래창조과학방송통신위원회도 했고요. 제대로 일하려면 관련법이나 기관, 행정자치부와 16개 시·도 지방자치단체, 국민안전처, 경찰청, 선관위 등 소관부처에 대해 잘 알아야 해요. 각종 산하기관에 대해서도 공부를 많이 해야 하고요. 공무원 수십 명이 상임위 회의장에 배석해 있고, 밖에서는 수백 명이 모니터로 지켜보고 있어요. 누가 준비를 많이 했고, 어떤 사람이 공익을 위한 활동을 하는지 공무원들은 금방 판단하죠.

지 / 상임위에서 자기 지역 얘기만 하는 의원도 있죠? 지역예산 따내려고요.

임 / 너무 노골적으로 지역구 이야기만 하면 볼썽사납죠. 안행위는 시·도 지자체를 포괄하는 상임위니까 그나마 지역 현안으로 볼 수도 있지만 국회 본회의장에서 대정부질문하면서 지역구 민원 늘어놓는 의원들도 있어요. 언론에 비난기사가 나와도 지역에 가면 다들 좋아하신다며 잘못이라고 생각 안 하더라고요.

안전행정위원회는 국가 살림살이를 챙기는 곳이라고 보면 되는데요. 의외로 할 일이 많아요. 서해 5도, 연평도에서 포격이 있은 후 대피소를 지었는데 부실업체에 사기를 당했어요. 대피소를 엉망으로 지어서 곧 무너지게 생겼어요. 대피하러 갔다가 대피소가 무너질까 봐 또 대피하게 된 거죠.

지 / 그런 건 장난치면 안 되는데요. 원전 같은 위험한 시설을 만들면서도 비리를 저지르기도 하고, 정말 개념들이 너무 없어요.

임 / 포격 이후 연평도에 안보교육장 신설 계획이 올라왔어요. 연평도 주민들은 불안에 떨며 살고 있는데 주로 꽃게잡이로 먹고 사는 분들에게 남북 간의 긴장 완화는 아주 중요한 문제죠. 그분들 안보교육이 부족해서 포격이 일어난 게 아니잖아요. 현실적으로 생업을 박탈당한 주민들을 위한 취로사업을 늘리거나, 연평도에서 사람들이 떠나지 않도록 접경지역의 특수성을 고려한 정책이 우선이죠.

안보교육장 예산에 수십억 원을 편성해놓으니 실제 주민들에게 돌아가야 할 다른 예산이 줄어들 수밖에 없어요.

지 / 그런 게 민생인데 말이죠.

임 / 판문점 대성동 마을의 남자들은 군대를 면제받지만 이주는 못해요. 여자는 타지로 시집을 갈 수 있지만 외지 남자들은 결혼하더라도 들어와서 살 수가 없어요. 열악한 거주조건이지만 상징적으로 지켜내야 하는 곳이라 국가가 병역면제, 세제혜택 등 각종 지원을 하고 있는데 서해 5도에도 사람이 살고 있어야 우리가 영유권을 주장할 수 있잖아요. 사람이 살려면 살 수 있는 조건을 만들어줘야 하고요.

백령도, 연평도 가는 뱃삯이 왕복 10만 원 돈 해요. 하루 이틀 다녀가기에는 부담스러운 가격이죠. 인천시에서 인천시민을 대상으로는 50퍼센트를 지원해주는데 관광이나 지역 방문이 본격적으로 활성화되려면 중앙정부에서 전 국민을 대상으로 요금 지원이 필요해요. 그렇게 해도 주민들 생계에 도움이 될까 말까인데 매번 안보교육, 전시행정에만 주력하니까 서해5도는 늘 위험, 불안, 공포의 섬으로 인식되고 있죠. 막상 가보면 산이며 바다며 얼마나 아름다운 섬인지 몰라요.

지 / 국회의원이 되니 제일 힘들었던 점이 무엇인지요.

임 / 국민들이 원하는 사안들이 집행되지 않을 때 굉장히 괴로웠어요. 초선이니까요. 세월호 참사 때 가장 무력감을 느꼈지요. 사고 소식이 전해질 때 의원총회를 하고 있었는데 곧 '전원구조'가 되었다고 해서 안도했거든요. 하지만 아직까지 희생자 가족들은 거리에서

아직도 돌아오지 못한 그 이름들, 세월호 실종자를 기다리며 (진도 팽목항, 2015. 2. 14)

진상규명을 외치고 있잖아요.

경찰 관련 민원도 많이 오는데, 해고 노동자들 농성장이나 집회시위 현장에서 과잉진압하지 말라고 경찰에 촉구하고 항의하지만 잘 안 먹히죠. 무력감, 좌절감, 주기적으로 그런 느낌 들었어요.

지 / 좋았던 경우는요?

임 / 사람들이 고마워할 때 보람이 있죠. 얼마 전에는 경찰청 계약직 영양사들이 사무실에 오셨어요. 꽃바구니를 들고 국회의원 찾아온 거 처음이라며 쑥스러워하시더라고요. 계약기간이 끝나 해고된 영양사들이 재계약할 수 있도록 경찰청장을 통해 전원 복직시켜드린 것 때문에 감사인사를 오신 거예요.

의무 복무하는 전·의경부대 급식이 부실해서 2012년 국정감사 때부터 다루었는데 그 결과 전·의경부대에 영양사를 채용하기로 했거

젊은 의경들의 건강 지킴이 경찰청 영양사 여러분을 응원합니다. (국회 임수경의원실, 2015. 7. 15)

든요. 급식 품질이 훨씬 좋아졌고 그 다음에는 신경을 안 썼죠. 거기까지는 좋았는데 영양사 계약기간 2년이 종료되자 전원 해고 통지를 한 거예요.

300명의 국회의원이 있으면 300개의 시선으로, 300개의 의식으로 국민의 입장에서 나라 살림을 이끌어가야 한다고 생각해요. 청년, 소수자, 사회적 약자 등에 대해 여러 각도로 접근해야 나라가 제대로 굴러가는 거죠. 청년 비례대표로 들어온 김광진 의원의 경우가 좋은 예인데요. 그분이 국방위원회 소속인데, 국방위도 외교통일위처럼 거대담론을 논하는 곳이었어요. 그런데 김 의원이 국방위에 들어가면서 색다른 문제를 다루기 시작했어요. 예를 들어 군대 내 부식문제나 물품 지급문제 같은 거요. 안보와 거대담론만 논하던 국방위가 군대 내 실생활 문제를 개선하는 주제도 다루게 된 건데, 청년의 눈으로만 보이는 그런 문제들이죠.

지 / 사실 그건 굉장히 중요한 부분인데요.

임 / 그동안 국방위 중진의원님들 눈에는 그런 게 안 보이죠. 장성 출신이라 해도 일반 사병문제에 얼마나 관심 있겠어요? 군대 안 갔다 오신 분들이나 자식을 군대에 안 보내신 분들은 더더욱 군의 실생활이 안 보일 수 있죠. 그래서 다양한 시각, 다양한 눈높이가 국회에 존재해야 해요. 새누리당의 경우 의원이 각각의 시선으로 움직이지는 않는 것 같아요. 시선이 다양하기보다는 일정 부분 획일화되어 있다고나 할까요. 저는 의원정수 축소 주장에 반대해요. 정치가 제대로 서려면 국회의원을 줄일 게 아니라 오히려 늘려야 맞아요. 물론 국민적 공감대가 있어야 하지만 더욱더 다양한 국민의 이해와 요구를 반영해야 하니까요.

지 / 친하게 지내는 의원을 꼽아보면?

임 / 19대 국회에서 제 나이가 젊은 축에 들어가요. 저보다 나이가 젊은 분이 12~13명 정도? 그래서 주로 선배님들께 많이 배우고 있어요. 국회의원이 되기 전에는 쉽게 평가하고 비난도 하고 그랬는데, 다른 당 국회의원들은 잘 모르겠고 우리 당 의원님들은 굉장히 부지런하고 열심히 하세요. 존경할 만한 분들이 많아요.

지 / 민주당 의원들은 범생이 이미지가 있잖아요. 착하고 성실한데, 임팩트는 없어 보이는(웃음). 사회 각계각층에 아는 사람이 많아야 의정활동에 도움이 되지 않나요?

임 / 범생이 이미지가 있어요? 그런 얘기는 처음 들어보는데요. 아, 관료 출신 의원님들이 많아지면서 범생이 이미지도 생겼겠네요. 지금 우리 당을 보면 집권 여당 10년의 기간을 거치면서 야당의원으로서 선명성, 투쟁력이 좀 떨어졌다고나 할까요. 국회에 들어오신 분들 보면 눈물 없이는 들을 수 없는 각자의 스토리가 다 있죠(웃음). 어느 날 갑자기 불쑥 들어오신 분들은 없더라고요. 알려지지 않아서 그렇지 각자의 삶과 분야에서 일가를 이루신 분들이에요. 눈물 젖은 빵도 많이 드셨고, 다양한 인적 네트워크를 가진 멀티 플레이어가 아니면 국회에서 생존하기 어려운 것 같아요.

존재에 대한 성찰

지 / 2011년 초에 북한의 대남 선전용 웹사이트인 「우리 민족끼리」의 글을 리트윗하셨잖아요. 지금은 그런 게 조심스럽지 않나요?

임 / 그때도 조심스러웠어요. 다만 리트윗했다는 이유로 동네 사진관을 운영하는 27세 청년을 국가보안법으로 구속하는 것에 반대했던 거죠. 그분은 리트윗하면서 오히려 북한을 조롱하는 멘션을 남겼는데 덜컥 구속되었어요. 그때 트위터 이용자들 사이에 "우리는 모두 박정근"이라는 운동이 일어났고 거기에 동참한 거예요.

외신에서도 트위터 리트윗으로 구속했다는 비판기사가 한참 나왔던 시기죠. 저는 표현의 자유를 공부하고 가르치는 언론학도로서 이 사안은 시민의 권리와 관련된 문제라고 보았어요. 결국 박정근 씨는 대법원까지 가서 무죄를 확정받았고, 저는 나중에 국회의원이 된 후 이 사안으로 보수단체가 고발을 해서 경찰조사까지 받았어요. 최종적으로는 무혐의 처분을 받았지만요.

지 / 우리도 나이 드신 분들은 북한에 대해 예전 생각만 하는 경우가 많아요. 그러다 보니 '종북'이라는 프레임이 쉽게 먹히죠. 그런 걸 어떻게 바꿔나갈 수 있을까요? 대화도 하고 교류도 해야 할 텐데.

개인적으로 평양에 갔던 경험이 그런 인식을 깨는 계기가 되었겠죠? 직접 가보니 '어, 들었던 거랑 다르네' 하는 생각이 들었을 것 같아요.

임 / 나이랑 상관없는 것 같아요. 젊은 사람들도 북한 문제에 대해서는 꽁꽁 닫혀 있어요. 남북교류가 활발하던 때와는 달리 정보가 부족하기도 하고 아무래도 분단체제에서 공격의 빌미가 되기에는 북한만 한 소재가 없으니까요.

2001년에 8·15민족공동행사에 참가했거든요. 서해직항로를 따라 대한항공 전세기를 타고 50분 만에 도착하는데 인천공항에 출발지가 '평양'으로 적혀 있으니 정말 격세지감이었죠. 그리고 남북방송교류추진위원회에서 실무회담과 남북방송인토론회, 그리고 2002년에 MBC에서 주최한 특별공연 등 89년 이후 모두 네 차례 평양에 갔었는데 그때마다 느낌이 다 달랐어요.

3대헌장 기념탑을 가는 문제로 엄청 시끄러웠던 적 있는데 저는 거기 안 갔거든요. 북한 사람들이 안 갔다고 대놓고 뭐라고 하기도 하고 좀 상황이 복잡미묘했어요. 평양에서는 대부분 저를 알아보는데 주최 측에서는 자기들보다 저에게 관심이 쏠리는 걸 좋아할 리가 없잖아요. 참가단의 일원으로 가는 거니까 그에 맞게 뒷줄에 앉아 있으면 북한 사람들은 맨 앞으로 나오라고 하고, 저는 입장이 참 곤란하더라고요. 그리고 갈

서울 출발–평양 도착 대한항공 KE 815편 항공권

기회가 한두 번 더 있었는데 일부러 안 갔어요. 제가 가는 게 이쪽이나 저쪽이나 오히려 민폐가 될 것 같더라고요. 금강산 관광길 뚫렸을 때도 한 번도 안 갔어요. 대신 부모님이 다녀오셨는데 임수경 부모님이라고 안내원들이 각별히 친절하게 대해줬다고 해요.

지 / 그로부터 27년이 지났는데, 어떤 면에서는 우리 사회가 뒤로 더 후퇴한 것 같아요.

임 / 야만의 시대라고나 할까요. 사실 그동안 이런저런 논란의 대상이 된 것은 사실이지만, 제 면전에서 대놓고 뭐라고 한 사람은 없었어요. 석방되고 제일 먼저 한 언론인터뷰가 「조선일보」 정치부장과의 전면 인터뷰였으니까요. 「동아일보」에서는 기자 대상으로 강연도 했고 분위기도 훈훈했죠. 그런데 국회의원 임기 시작 직후 국회의사당 앞에서 제 사진을 놓고 화형식을 하는 거예요.

지 / 엄청 충격을 받았겠네요.

임 / 사진에 구멍을 뚫고 짓밟았어요. 국회의원이 된 것과 그렇지 않은 것과의 차이가 그만큼 컸던 것 같아요. 그게 한 달 정도 지속되었는데 그때도 참 더운 여름이었죠.

지 / 살면서 어느 정도 힘든 장면이었나요?

임 / 힘들긴요. 날씨도 더운데 정말 열심히들 사는구나 싶고, 임수경이라는 존재가 그렇게 위협적이고 비호감인가 싶어서 존재에 대한 성찰을 많이 했어요.

지 / 밖에서 활동할 때와 국회의원이 되어 의정활동 할 때의 가장 큰 차이점은 뭔가요?

임 / 정치는 보편적 공감대를 형성할 수 있는 중학교 2학년 수준의 눈높이로 해야 한다고들 해요. 보다 넓은 개념이죠. 그만큼 눈높이를 맞추라는 건데 그동안 제가 추구하는 가치는 실제보다 너무 높았던 것 아닌가 싶더라고요. 나름대로 양심적인 지식인으로, 대중적인 사고방식으로 살아왔다고 생각했는데 그렇지 않았더군요. 우리 당이 국민들에게 비판받는 부분이기도 하고요.

지 / 지식인의 발언과 정치인의 발언은 영향력의 차이가 있죠. 사람들이 받아들이는 데 차별점이 있잖아요. 지식인으로서는 양심적인 행동이더라도 정치인으로서는 조심해야 할 부분이 있죠.

임 / 개인과 정당인의 차이인데 그래서 저는 발언을 안 해요.(웃음) 책임이 너무 무거우니까 계속 고민하게 되고, 머리와 가슴이 늘 답답해요.

지 / 굉장히 중요한 말씀인데, 그러다 보면 보수적이 되거나 보신주의로 빠질 수도 있잖아요. 아무리 선의라 해도 내 발언이 우리 당 진영 전체에 피해를 줄 수 있다고 생각하여 발언을 안 하면 부작용도 있겠죠. 누가 뭘 바꾸자고 해도 '당신이 들어와봐. 얘기가 달라지지' 이렇게 될 수도 있잖아요.

임 / 우리 당의 인기나 지지도가 아직 낮기는 하지만 당론으로 정해진 것에 깊은 고민과 책임 있는 토론과정이 있다는 점을 믿어주셨으면 해요. 시류에 야합하는 정당은 아니에요. 역사적 책임 같은 거시적인 차원까지는 아니더라도 평범한 국민 개개인의 삶을 책임지려는 정당이죠.

지 / 뉴스거리들이 꽤 많았죠. 지난 대선 때 문재인 캠프에 있다는 사실만으로 공격하기도 했고요.

임 / 후보를 낸 정당의 국회의원이 선거캠프에 참여하는 건 너무나 당연한 일인데도 공격을 받았어요. 혹시나 후보에게 누를 끼치지 않을까 싶어 고민을 많이 했어요.

대선 3일 전인가, 일요일 아침에 갑자기 제 이름이 실시간 검색어 1위가 된 적 있어요. '문재인이 대통령 되면 임수경이 통일부 장관을 할 거다, 그래서 대통령이 되면 안 된다'라는 주장과 함께 임수경을 통일특보로 썼다며 공격하는 내용이었는데, 저는 통일특보도 아니었고 그런 직함 자체가 캠프에 없었어요. 저는 당시 전화 자원봉사 콜센터와 불교특위 활동을 했을 뿐 다른 일은 안 했거든요. 아무것도 안 하고 있는데 실시간 검색어 1위가 되었다가 반나절 만에 갑자기 검색어에서 사라지더라고요. 국정원이나 '십알단'(십자군 알바단, 새누리당 불법여론조작 댓글부대)에서 실험했던 것 같아요.

지 / 이런 보도도 있었어요. 소설가 공지영을 문화부 장관, 조국 교수를 법무부 장관으로 임명할 거다 등등. 저쪽에서 공격하기에는 그게 제일 좋았나봐요. 실시간 검색어 1위를 한 걸 보면요. 프레임을 잘 만든다는 생각이 들더군요.

임 / 캐스팅 나쁘지 않은 것 같은데요.(웃음) 남북 분단의 문제가 다른 사람들에게는 실생활에서 체감이 잘 안 되는 문제라면 저에게는 평생을 어깨에 얹혀 있네요. 만날 어깨에 침 맞으러 다니잖아요.(웃음)

지 / 사실 악플에 예민한 사람은 그 프레임이 영향을 미칠 수도 있어요.

민주당 한반도 평화본부 활동. 남북경협 간담회 (임진각, 2012. 5. 16)

장준하 선생의 시신이 발견된 장소 현장답사 및 천도재 (포천 약사계곡, 2012. 10. 6)

임 / 제가 미디어 관련 대학원 박사과정 공부를 10년 넘게 했는데 그 맥락을 왜 모르겠어요. 프라이버시라는 게 혼자 내버려질 권리, 'right to be let alone'이거든요. 몰라야 될 권리도 좀 누리고 싶어서 SNS를 끊기도 했어요. 하지만 아무리 사회가, 역사가 거꾸로 간다고 해도 시민의 기본적 양식과 자정작용을 믿어요. 우리 국민은 바보가 아니잖아요. 그걸 믿지 못하면 정치인이든 국회의원이든 사회 구성원으로서 아무것도 할 수가 없어요. 인류의 보편적 가치, 이를테면 휴머니즘이라든지 서로 공유할 수 있는 것들을 찾아야죠. 저는 그런 가치에 대한 믿음이 있어요.

바람보다 늦게 울어도 바람보다 먼저 웃는다

지 / 어쨌든 정치인으로서 극복해나가야 할 점이 필요한데요.

임 / 극복이라기보다는 견디고 있어요. 극복은 떨쳐 일어서는 것이고, 견디는 건 그냥 던지는 돌을 맞는 거예요. 저에게는 국회의원이 갑이 아니라 을이죠. 뭔가를 누리는 직업인 줄 알았는데 욕먹는 직업이더라고요. 국회의원이 아니었더라도 남북이 분단되어 있는 한 임수경이라는 인물은 어느 진영에서건 욕을 먹게 되어 있죠. 그냥 인정하고 받아들여요. 저도 사람이니까 많이 지치고 힘들지만 묵묵히 제 길을 걷는 게 최선이에요. 국회의원 4년 하는 동안 귀머거리, 벙어리 시집살이하는 것처럼 살았네요(웃음).

지 / 의원님은 장점도 많지만 스스로가 남북관계의 발목을 잡는 부분도 있죠. 임수경이 뭘 한다면 의심부터 하잖아요. 노무현 정권이 뭘 해보려면 '퍼주기' 얘기가 나온 것처럼. 그게 핸디캡이 될 수도 있잖아요. 그래서 자신의 역할에 대해 고민도 많을 것 같고요.

임 / 제가 살아온 삶이 잘못되었다고 생각하지 않아요. 그걸 잘못
된 거라고 억지를 쓰는 사람들에게 항변하고 싶은 마음도 없고요.
저를 비난하는 분들도 있지만 그만큼 저를 지지하는 분들도 있어
요. 그분들은 임수경 개인을 지지한다기보다 우리가 함께 공유해온
가치와 역사, 시대의 의미를 지지하는 거죠. 그래서 누가 아무리 발
을 걸어도 넘어지면 안 되는 소명이 있어요. 어느 방향으로 어떻게
걸어갈 것인지는 늘 고민하고 있고요. 임기 초반부터 의원실로 하루
에 500통 이상의 항의전화가 왔어요. 업무가 사실상 마비상태였죠.
시작부터 아무런 일을 할 수 없었어요.

지 / 「끝장토론」 때 백요셉 건으로요?

임 / 「끝장토론」은 국회의원 되기 전의 일인데요. 박정근 씨가 북한
의 트위터를 리트윗했다가 구속되던 시점에 국가보안법 적용을 주제
로 한 토론이었는데 그때 백요셉 씨를 처음 봤어요. 제가 TV토론에
한 번도 나가본 적이 없는데 이렇게 얽히려고 나갔던가봐요.(웃음)

국가보안법 존치와 폐지에 토론자 각 2명, 시민패널 각 4명씩 나왔
는데 탈북자 2명이 시민패널로 포함되었죠. 그때도 제가 "북에서 오
신 분들은 특별히 반갑습니다"라는 인사로 토론을 시작했는데 이분
들은 토론이 아니라 비약적인 발언만 하세요. "임수경 씨와 악수를
했던 북한 사람들은 다 굶어죽었다." 이런 식으로요. 국가보안법의
역사성과 부당한 적용에 대한 합리적인 토론을 할 수가 없는 거죠.

나중에 알고 보니 제가 강의하던 외국어대 신문방송학과 학생이
더라고요. 우리 과 강사진들 사이에서는 아주 유명했어요. 신방과에
서는 정부의 언론정책과 시민권에 대한 강의가 있는데 정부 정책을
비판하는 내용이 나오면 격하게 항의하고 그랬더라고요. 그러다가

제가 국회의원이 되고 사적인 자리에서 우연히 다시 만났는데 「끝장 토론」이야기가 나온 거죠. 국가보안법으로 징역을 오래 살았던 당사자 입장에서 목소리가 커져서 고성이 오고가기도 했지만 어깨 두드려주며 마무리는 잘 끝났어요. 그래서 그날의 만남에 별다른 문제의식을 느끼지 못했는데 며칠 지나고 페이스북에 격하게 비난하는 글을 올릴 줄은 전혀 몰랐어요. 그런 분위기가 아니었거든요. 동석했던 백요셉 씨의 보호자, 그분은 제가 평소 선배님이라고 부르는 분인데 그분도 당황했죠. 백요셉 씨가 역사적·사회적 맥락 없이 국가보안법에 대해 너무 쉽게 이야기하고, 대한민국 땅에서 수령님, 총살 운운하니까 목소리가 높아졌던 거예요. 국가보안법 때문에 얼마나 많은 사람들이 죽고, 다치고, 감옥에 가고, 평생 멍에를 쓴 채 고통을 받았는데요. 지금은 예전의 정치적 국가보안법 사건들이 재심에서 속속 무죄판결을 받고 있어요.

지 / 당시 보수 진영에서 공격하기 쉬운 대상이었던 셈이죠. 탈북자들에게 고소당하기도 했죠?

임 / 다섯 건 있었는데 얼마 전 검찰에서 모두 무혐의 처분 받았어요. 마무리되는 데 꼬박 3년이 넘게 걸렸어요. 탈북자들이 직접 고소했다기보다는 그들을 이용하는 세력이 한 거라고 생각해요. 그때 탈북자 30명이 1인당 100만 원씩 지급하라고 명예훼손 소송을 걸었는데 서류를 보니 절반은 주소지가 겹치더라고요(웃음).

여성은 3명뿐이고 나머지 27명은 남성들이었어요. 사회 적응력이 여성들이 훨씬 뛰어나니까, 저는 그렇게 이해했어요. 탈북해서 남한 사회에 적응하며 살아가는 방식이 대결을 부추기고 갈등을 첨예화 시키는 방향으로 가면 곤란해요.

진짜 그분들은 저한테 그러시면 안 되는 거예요(웃음). 90년대 이후 탈북자가 급격하게 많아졌는데 그분들 탈북하실 때 임수경을 떠올리면서 대한민국을 동경해서 오신 분들이라면서요. 저는 원래 탈북자를 나쁘게 생각하지 않아요. 친하게 지내는 분들도 많고요. 오히려 반가워하지 제가 왜 나쁘게 생각하겠어요. 그분들은 우리 사회의 구성원이지만 아직은 국가적 지원과 사회적 관심이 필요한 사회적 약자잖아요. 제가 가르치던 외국어대 제자 중에도 탈북자가 여럿 있어요. 심지어 수구 반공 단체에서 일하는 아이들도 있지만 그아이들을 지금도 만나요. 학교에 적응을 잘 못하고 운동장 한구석에 우두커니 앉아 있던 모습도 생각나네요. 제가 얼마나 애틋하게 여기고, 최선을 다해서 도와주었는데요. 탈북자 분들도 개인적으로 만나면 저를 정말 반가워해요. 국회 외통위에서 북한인권법 공청회를 할 때 77세 탈북 할머니가 한 분 나오셨어요. 그분께도 각별히 반갑다고 인사한 것이 국회 속기록에도 남아 있어요. 일부러 그런 게아니라 실제 제 마음이에요. 그런데도 새누리당 원내대표가 19대 국회 개원 당시 전 국민에게 생중계되는 국회 본회의 교섭단체 대표연설에서 '탈북자를 변절자라고 부르며 폭언하는 국회의원'으로 저를 지칭했어요. 저는 바로 새누리당 원내대표 사퇴 요구 성명서를 냈고요. 국회가 가장 중요하게 기념하는 제헌절 아침이었죠. 자신이 보고 싶은 것만 보고, 믿고 싶은 것만 믿는 거예요. 이제 갓 정치에 입문한 초선의원을 의도적으로 폄훼하고 색깔론과 이념공세에 이용하는 후진적인 작태죠. 몇 번이나 성명서를 내고, 소송을 하고, 그런 말 한 적이 없다고 기자회견을 했는데도 제 말은 소용없고 계속 그런 식으로 낙인찍어요. 예전에 사회적 논란의 중심에 있을 때도 그렇게 당해본 적은 없었는데요.

지 / 언론만 보고 판단하는 사람들은 그런 발언이 상처가 될 수 있어요. 종북이라서 탈북자를 배신자라고 한다는 주장도 있었죠.

임 / 저는 탈북자를 배신자라고 얘기한 사실이 없고 그렇게 생각해본 적도 전혀 없어요. 다만 그분들의 피해의식을 이해하지 못했던 것 같아요. 저도 친절하게 조용조용 이야기하는 스타일은 아니라서 탈북자를 대상으로 이야기했다기보다는 후배나 학생으로 생각하고 그냥 있는 그대로의 모습으로 대한 건데 백요셉 씨는 자기가 탈북자이기 때문에 제 목소리가 높아졌다고 생각한 건 아닐까 싶어요.

2014년 연말에 '토크콘서트' 문제로 한참 시끄러울 때 「조선일보」에 '종북은 탈북을 두려워한다'는 제목의 기자수첩 칼럼이 크게 나온 적이 있어요. 그 내용 중에 대북삐라 날리는 활동으로 유명해진 탈북자 박상학 씨의 말을 통해 제 이야기가 나와요. 박상학 씨가 저를 처음 만났을 때 제가 흠칫 놀라 자리를 박차고 나갔다며 북한 사정을 너무나 잘 아는 사람들이라서 기피한다는 내용이에요. 그 기자수첩 칼럼은 2012년 6월 백요셉 사건 당시 '실상 아는 탈북자 만나면 종북주의자는 흠칫한다' 제하의 같은 기자가 쓴 「조선일보」 기사와 똑같은 내용인데 요즘 기자들은 자기가 몇 년 전 쓴 기사도 재탕, 삼탕 쓰더라고요. 양 당사자가 있는데 저에게는 확인도 안 하고 한쪽 입장만 일방적으로 듣고 기사를 썼고요. 칼럼을 쓴 기자와 통화도 여러 번 했는데 박상학 씨의 피해의식이 크구나 느꼈어요. 제가 크고 작은 모임에 다니면서 강연을 할 때 2003년에 한번 마주쳤던 모양인데 혹시나 싶어 그때 강연을 주최했던 분에게 사실관계 확인도 했거든요. 초등학생 아들도 데리고 간 자리였는데 제가 무슨 자리를 박차고 나가요. 그분 기억에도 그런 일은 없었고, 「조선일보」 기사 내용처럼 강연 후 박상학 씨를 따로 만난 사실도 없다는 답변을 하셨어요.

저도 피해의식이 있어요. 왜 아니겠어요? 20대부터 정보기관의 사찰대상으로 살아왔기 때문에 낯선 사람들을 경계하고 조심하는 경향이 있죠. 그리고 워낙 유명했잖아요. 처음 보는 사람들이 알아보고 달려들면 늘 긴장하고 그랬어요. 지금도 식당 같은 곳에 가면 항상 구석자리에 뒤돌아 앉거든요. 박상학 씨가 탈북자라서가 아니라 일반적인 경계심으로 그분께 살갑게 대하지 않았던 것을 자신이 탈북자라서 그렇게 대했다고 생각한 것 같아요. 백요셉 씨와 같은 맥락의 피해의식이죠. 분단이 너무 깊어서 마음이 아파요. 지금 박상학 씨를 만나면 두 팔로 힘껏 안아드릴 수도 있는데요.(웃음).

지 / 백요셉 씨가 의도적으로 접근했다는 주장도 있더군요.

임 / 그건 아닐 거예요. 동석한 선배도 있었고 자연스러운 만남이었어요. 그 친구가 저에게 개인적인 감정이 있었던 것도 아닌 듯하고 저도 마찬가지였어요. 어쨌든 마무리를 잘했다고 생각했는데 나중에 악의적으로 문제를 삼은 사람들이 있었던 거죠. 그때는 상상도 못했어요. 페이스북 글이 문제가 된 다음날 백요셉 씨와 전화통화를 했어요. 일이 너무 커져 버려서 제가 오히려 괜찮다고, 내가 정치인으로 겪어내고 견뎌야 하는 일이라고 위로를 했죠. 그 친구도 저한테 미안하다고 했어요.

지 / 그럴 의도가 없었다면 그분도 피해자일 수 있겠네요?

임 / 크게 봐서는 모두가 분단의 피해자인 셈이죠. 그 친구가 악의적인 의도를 가졌든, 누가 옳든 그르든 간에 모든 걸 통틀어서 책임을 져야 할 사람은 저라고 생각했어요. 애당초 그런 상황을 만들지 말았거나 언쟁을 하지 말았어야죠. 그 자체로 모두 제 잘못이에요. 학교 후배이기도 하고 제자이기도 한 탈북 대학생의 개인 페이스북 글에 일일이 해명하고 시시비비를 가리거나 비난을 해서는 안 된다고 생각했죠. 일단 날아오는 돌은 다 내가 맞아야 된다 싶더라고요.

백요셉 씨는 작년에 결혼을 했어요. 직접 가지는 못하고 다른 사람을 보내 축하해주었는데 사진 보니 신랑 신부가 인물이 아주 좋더라고요. 결혼식 지나고 찾아온다고 했는데 아직 안 왔어요(웃음).

지 / 국회의원 임기가 시작되고 사흘 만이었나요? 초창기에 너무 센 경험을 한 것이 정치인으로서 성숙해지는 계기가 될 수도 있지만, 큰 짐이 될 수도 있겠네요. 계속 그 상황을 가지고 얘기하는 사람도 있을 테니까요. 적극적으로 탈북자 분들을 만나 해명을 하고, 언론에 내보내기도 해야 하지 않나 싶어요.

임 / 그건 너무 작위적이잖아요. 제가 여전히 비정치적인걸까요? 정치인이라면 즉각 해명하고 바로바로 입장 발표하고 그래야 하는데요. 기자회견을 직접 하려고 국회 정론관까지 갔는데 대변인 브리핑으로 대신했어요. 당시 박지원 원내대표님이 당에서 대응할 테니 그냥 조용히 있으라고 하셔서요. 저도 변명하면 오히려 더 역효과가 날 거라고 생각했고요. 시간을 좀 두자고 판단했죠. 그게 잘못이었어요. 대통령 선거를 앞두고 있어서 모든 게 조심스러웠어요.

지 / 정치인이 언론플레이만 해서는 안 되겠지만, 언론을 무시하거나 두려워해도 안 되잖아요. 언론을 통해 왜곡된 프레임을, 언론을 통해 바로잡을 필요도 있지요.

임 / 잘못된 일이 있으면 그런 과정이 필요하겠죠. 반성하는 모습을 보인다거나, 새로운 이미지를 구축하려 하거나, 봉사활동도 많이들 하더라고요. 그런데 이건 작정하고 기획해서 헐뜯는 거잖아요. 제가 바로잡으려고 한다고 될까요?

보리는 밟을수록 단단해진다

지 / 어차피 안 믿을 사람은 끝까지 안 믿으니까 그렇다 쳐도 그렇지 않은 사람들에게는 해명할 필요가 있잖아요. 정치적 퍼포먼스가 필요할 때도 있으니까요. 서독 총리였던 빌리 브란트가 폴란드에 가서 유대인 학살에 대해 사과하면서 무릎을 꿇은 적도 있잖아요.

임 / 맹목적인 분노를 잠재울 수 있는 건 시간뿐이라고 생각했어요. 인과관계가 있는 범죄행위도 아니고 이건 맹목이잖아요. 북한에 갔다 왔으니 종북이라는데 더 이상 무슨 말을 해요. 북한에 어떤 과정을 거쳐서 왜 갔고, 가서 무엇을 했고, 그 이후 어떤 영향이 있었는지 일체 알려고 하지 않은 채 맹목적으로 비난하는 데에는 어떤 해결책이 없어요. 적극적으로 해명하지 않았던 점에 대해서는 저도 아쉬움이 있긴 해요.

지난 해 캐나다 교포 송광호 기자가 「연합뉴스」에 89년 평양축전 당시의 미공개 사진을 보내왔다는 기사가 나왔어요. '평양축전 현장 취재한 동포 언론인의 술회―임수경은 종북 아니다'라는 제목이었지요. 일부 언론에서 임수경을 종북정치인으로 몰아가려는 듯한 태도가 안타깝다면서 이렇게 술회했어요. "김일성을 아버지라고 불렀다느니, 꽃다발을 건넸다느니 하는 얘기는 사실이 아닙니다. 탈북자 증언도 근거 없는 얘기입니다. 진실은 밝혀지고 '종북'이라는 오해는 풀리길 기대합니다. 임수경 씨의 종북 오해를 벗기기 위해서라면 언제든 증인으로 나설 용의도 있습니다. 우리는 잘 알지도 못하면서 남을 코너에 몰아넣고 헐뜯는 나쁜 습성이 있는 것 같습니다." 당장은 공격에 시달리고 있지만 오랫동안 저를 지켜보며 진심을 이해하고 믿어주는 분들이 있으니까요. 제가 어느 날 갑자기 하늘에서 뚝 떨어져 나타난 것도 아니고 무려 27년 전의 사건을 국회의원이 된 후 다시 여론재판 받고 있어요. 그래도 보리는 밟을수록 단단해지는 것처럼 기운내서 열심히 뛰어야죠.

지 / 국회의원 중에서도 임수경을 종북이라고 생각하는 분들이 있잖아요. 이철우 새누리당 원내 대변인은 국회 정론관 브리핑에서 "민주당은 친북좌파의 중심에 서 있는 임수경 의원을 국회 외교통일위원으로 보임했다"는 논평을 내기도 했죠. 종북은 빼도 박도 못하는데, 친북은 뭔가 빠져나갈 구석이 있으니까 상당히 고심한 워딩 같은데요(웃음).

임 / 그날 국회 본청 복도에서 이철우 대변인을 만났어요. 제가 "의원님, 저한테 왜 자꾸 그러시는 거예요?" 물었더니 본인이 하고 싶어서 한 게 아니라고 대답하시더군요(웃음). 그때 우리 당 대변인과 의원님들이 법적으로 문제 삼으라고 했어요. 하지만 저에 대해서만 논평한 것이 아니라 여러 꼭지를 다루는 브리핑 중 하나였고, 그쪽 입장에서도 공격을 위한 공격이라기보다 그냥 넘어갈 수 없으니까 한마디 한 걸로 이해했어요. 물론 저의 그런 태도를 마땅찮아 하신 분들도 있었지만요. 그렇게 말하고 생각하는 사람들의 우려를 제가 어떻게 불식시킬 수 있겠어요? 어떤 퍼포먼스로, 어떤 봉사활동으로, 어떤 무릎 꿇기로 할 수 있을까요? 끊임없는 의심, 또 의심, 돌아서서 다시 의심, 이건 일종의 병이에요. 저는 그동안 정보기관 사찰 대상으로 모든 것이 다 공개되고 노출되어 있었고, 어떤 비공개 조직 활동도 해본 적이 없어요. 휴대폰, 이메일 감청 같은 것도 저는 별로 신경 안 써요. 감청으로 문제가 될 일 같은 건 애초에 하지 않아야죠. 일일이 신경 쓰다 보면 저까지 병에 걸려요.

지 / 국회의원이 힘든 자리이긴 하지만, 어쨌든 국회의원보다 스펙터클한 인생을 살아왔잖아요.

임 / 국회의원 되고 나서 이제 고생 다 끝났다고 말씀하는 분들도 계신데 저는 그냥 하루하루가 늘 힘에 겨웠어요. 남들은 세월이 휙 지나갔다고들 하는데 저는 살아온 세월이 너무 길었죠.

지 / 전대협, 486세대에 대한 평가가 엇갈리고 있는데 어떻게 생각하세요?

임 / 물론 486세대가 자기 정치를 하지 못한다는 평가도 있고, 새로운 가치나 미래비전을 보여주는 데 소홀했다는 비판도 있어요. 모두 공감하는 지적이에요. 그래도 아직은 정의감과 용기가 조금이라도 남아 있는 사람들이라고 생각해주시면 고맙겠어요. 아무도 가지 않는 현장에 486은 꼭 가요. 정치인이 자기 얼굴 나오고 자기를 빛나게 하는 장소를 가고 싶지 아무도 안 가는, 언론에서도 주목을 안 하는 그런 현장에 누가 가고 싶겠어요. 기대가 너무 크니까 비판의 목소리는 더 크게 들려요. 그럼에도 불구하고 희망은 걸어주셔도 좋지 않을까, 감히 말씀드리고 싶네요.

지 / 말씀하셨듯이 정치권 내에서 486세대가 자연스럽게 세대교체를 하고, 일정 정도 역할을 해야 되지 않을까 하면서 기대감이 큰 것도 사실인데, 젊은 시절 한 시대를 이끌어왔던 486들이 정치권에 들

직권상정 된 '테러방지법'을 반대하는 필리버스터. 38명 의원이 참가하여 총 9일, 192시간 27분 동안 계속 되었다. 임수경의원은 8일차인 3·1절 아침 30번째 무제한토론에 나서 4시간 6분 동안 연설하였다. (국회 본회의장, 2016. 3. 1)

어와서는 존재감이 너무 미약하다는 시각도 있잖아요.

임 / 저는 다르게 평가하고 싶어요. 20대 나이에 자기 이름과 얼굴을 내세울 수 있는 사람들이 그렇게 많지 않잖아요. 그런데 그렇게 했던 사람들이 특정 정당과 국회에 들어와서는 자기 이름을 내세우기보다는 오히려 그런 게 필요하다고 봐요. 국회의원들이 개별적이고, 독립적인 헌법기관이라고는 하지만, 예를 들어 임수경이라는 사람이 튀는 것보다 우리 당이 전폭적으로 국민적 지지를 얻어서 집권하는 게 중요하죠. 존재감이 없다고 놀고 있는 게 아니라니까요(웃음). 정당 경험이나 정치 경험에서 훨씬 선배들이 많이 있기 때문에 486이 낮은 자세로 가는 것도 나쁘지 않다고 봐요.

지 / 노무현 전 대통령 같은 돌파 의지가 있어야 되잖아요.

임 / 그때를 생각해보세요. 이걸 해도 욕먹고, 저걸 해도 욕먹고, 대통령님 말마따나 재임 시절에는 욕을 잔뜩 하더니 대통령 그만두고 나니까 좋아한다고 하셨잖아요(웃음). 그때도 모든 게 노무현 때문이었잖아요. 비가 와도 노무현 때문, 비가 오지 않아도 노무현 때문.

지 / 이명박 대통령 때도 그랬죠.(웃음)

임 / 지금은 반대로 "그게 왜 박근혜 때문이냐?" 하시죠.

지 / 그분은 어릴 때부터 사생팬들이 많았잖아요(웃음). 그분을 비판하는 건 자기 부정이고, 자기 삶을 부정당하는 거라고 생각하는 거죠. 진보에게 지속적으로 모욕당해온 걸 분출하는 면도 있고요.

임 / 그런 걸 극단적 편향이라고 해요. 진보는 모욕당하는 것뿐만 아니라 삶을 송두리째 파괴당하기도 했는데요.

제 7 부

여기서부터 희망이다

집단지성이 기울어진 시대

지 / 요즘은 시민사회 차원의 통일운동이 이제는 개인적인 차원으로 움직이고, 동력도 굉장히 떨어진 상태죠. 젊은 층을 끌어들일 수 있는 대안들이 나와야 할 것 같습니다.

임 / 88년에 학생들이 처음 통일운동을 시작하면서 90년대에 꽃을 피웠죠. 김대중·노무현 정부 때 제도화되면서 꾸준히 한 걸음 한 걸음씩 나아갔어요. 이제 통일은 운동 차원이 아닌, 법과 제도와 사회적 시스템을 정비하면 되겠구나, 다들 그렇게 생각했죠. 그런데 순식간에 제자리로 돌아가버렸어요. 아주 치열하게, 통일 지향적 남북화해무드를 두려워하는, 그게 생존 차원에서 절박한 세력이 있어요.

지 / 김대중·노무현 정권 때 시민사회 운동을 하던 사람들이 정권에 참여하였죠. 그런데 이제 흐름이 바뀌어, 다시 시민운동을 하기도 어렵고, 진공 상태에 빠져 새로운 걸 모색해야 하는 상황이 벌어졌죠. 답은 쉽게 찾아지지 않고, 정치권은 정치권대로 멘붕 상태이고, 통일운동뿐만 아니라 시민사회운동 자체가 힘이 떨어졌죠. 참여연대 같은 단체도 예전처럼 영향력을 못 미치고 있어요. 한쪽에서는 시민운동을 했던 사람이 정치판에 들어갈 경우 이유가 있다고 생각하는데, 다른 쪽에서는 "결국 정치하려고 시민운동을 했군" 하는 얘기가 먹히잖아요.

임 / 시민사회 운동을 하던 분들이 시장도 되고 국회의원도 되셨죠. 계속 문제제기를 하던 사람들이 한계에 봉착하여 실천력이 담보되는 제도정치 안으로 들어오는 건 필요하다고 생각해요. 박원순 시장님, 끊임없이 견제하고 끌어내리려는 세력이 있지만 신경 안 쓰고 할 일을 잘하시잖아요.

지 / 대북정책이나 통일에 대한 대중들의 인식을 어떻게 변화시킬 수 있을까요?

임 / 합리적 토론과 함께 이성적인 판단을 할 수 있는 시대가 다시 와야죠. 지금은 정치 사회적으로 집단지성과 이성적인 사고가 제대로 작동하지 못하는 기울어진 기형적인 상태잖아요. 제 현실 진단은 그래요.

지 / 이런 말씀을 한 적 있으시죠. "자존감과 자부심으로 야만의 세월을 살아왔습니다. 일부 보수세력에게 욕먹는 것보다 더 아픈 건 우리 안의 배타적 시선이었습니다. 그럼에도 불구하고 아직, 살고 있습니다. 더 이상 살아감이 비루하게 느껴지지 않았으면 합니다." 같은 편이라고 생각했던 사람들의 부정적 시선이 부담되었나요?

임 / 너무 오랫동안 같이 살아왔어요.(웃음). 너무 속속들이 아니까 이런저런 일이 많았죠. 이제는 덕담을 권하는 사회가 됐으면 좋겠어요. 아부나 가식이 아닌, 모두가 잘되기 위한 좋은 얘기들, 사실 우리 편이라고 생각했던 사람들에 대한 상처가 더 크고 아파요.

지 / 종북 프레임처럼 보수와 진보가 대립되는 지점에 광주항쟁이 있잖아요. 일베들은 전두환을 찬양하면서 5·18을 조롱하고 홍어 얘기를 하잖아요. 언젠가 "나는 김대중 대통령을 정말 존경하지만 그분은 용서와 화해를 지나치게 빨리했다. 광주학살과 군사독재의 주범은 한 개인이 용서할 만한 범죄가 아니다. 결국 광주항쟁 기념식에 「임을 위한 행진곡」 대신 「방아타령」을 부르자는 망발이 나왔다"라고도 하셨죠?

임 / 통합보다 갈등을 부추기는 세력이 집권하고 있는데 왜 우리만 통합하고 수용해야 하나, 이런 의미였어요. 제가 대학생 때 광주 망월동까지 가려면 몇 겹의 방어막을 뚫고 갔어요. 지금은 망월동 묘지가 국립묘지로 승격되었고, 5·18이 국가기념일이 되었는데도 폄하하는 세력들이 아직도 있잖아요. 올해가 광주민주화운동 36주년인데 36년이 지나도 갈등의 매듭이 풀리지 않네요.

지 / 노태우 정부 때부터 현 정부까지의 대북정책이나 통일정책에 대해 간략하게 평가해주세요. 국가기록원과 인터뷰도 하신 걸로 알고 있어요.

임 / 국가기록원에서 대통령 관련 인물을 인터뷰해서 기록으로 남기는데 저는 노태우 대통령 관련 인물이더라고요(웃음). 정부의 대북, 통일 정책이 이때는 이랬고, 저때는 저랬다고 단편적으로 평가를 할 수 있는 문제가 아니에요. 큰 흐름을 띠고 있었으니까요.

지 / 김영삼 정부 때는 오락가락했죠?

임 / 그래도 비전향 장기수를 송환하기도 하고, 통일부 장관이 부총리급이었잖아요. 그래서 고위급 회담을 할 수 있었던 거고, 많은 사회적 금기들을 깨기도 했죠.

지 / 김영삼 대통령 취임사에서는 "민족보다 우선하는 것은 없다"고 얘기해놓고 북핵 문제가 나왔을 때는 "버르장머리를 고쳐주겠다"고 공언하여 남북관계가 경색되기도 했어요. 또 미국이 북한을 폭격한다니까 만류하는 등 오락가락한 측면이 있었잖아요. 김대중 대통령처럼 일관되게 추진하지 못한 건 사실이죠.

임 / 통일문제에 대한 철학이 달랐던 거라고 생각해요. 분단된 나라에서 통일에 대한 철학 없이 지도자가 되면 어려운 점이 많아요. 지도자라면 통일에 대한 철학이 군건해야죠. 김대중 대통령은 20대의 나이부터 일관성 있게 통일에 대한 견해를 피력했어요.

한 차원 높은 스케일의 지도자가 없다

지 / 노무현 정권의 대북정책에 대해 어떻게 생각하나요? 이전 성과를 계승한 부분도 있지만 거꾸로 되돌려놓기도 했죠. 대북송금 특검 때문에 처음부터 일이 꼬이기도 했고, 임기 말년에 남북정상회담에 임하면서 10·4합의를 하는 등 전향적인 태도를 취했지만 너무 늦었고, 이마저 이명박 정권에서 무력화시켜 5년 동안 거의 교류가 없었죠. 노무현 정권의 대북정책에 대해 반성하거나 복기할 지점은 어디라고 생각하나요?

임 / 취임하자마자 탄핵정국 상황을 맞이한 데다 지속적으로 극단적 저항과 공격에 시달렸던 정부예요. 장기적 플랜 속에서 전체 국민을 위한 정책들을 하나하나 시행할 수 있게끔 놓아두지 않았죠. 너무 못살게 굴었잖아요. 그래도 아리랑 축전이나 민간교류를 지속적으로 이끌었고 인도적 차원에서 지원도 했지요. 사실 노무현 대통령 때는 제가 세상을 등지고 살았기 때문에 잘 모르기도 해요(웃음). 정권 초반기에는 박사과정 공부하느라 정신이 없었고 이후에는 절에서 살았으니까요. 그때 청와대나 국회에 좋은 분들이 많이 포진되어 있어서 그분들이 잘하시리라 믿고 뒤에서 응원의 박수를 보냈는데 아쉬움은 많아요.

지 / 김대중 정부에 대한 긍정적인 평가로는 대북화해 및 포용정책을 일군 것을 꼽을 수 있죠. '햇볕정책'은 국내에서는 퍼주기 식이라는 오해를 불러일으켰고, 북한에서도 '결국 우리 옷을 벗기겠다는 거 아냐?' 하는 부정적인 시각이 존재했다죠?

임 / 북한 역시 피해의식이 있어요. 제가 미국에서 공부할 때 미국에서는 아시아문제, 동북아문제까지 포함해서 한반도문제 전문가들이 많거든요. 그분들은 햇볕정책을 높게 평가했어요.

김대중 대통령은 국내에서 너무 인정받지 못했던 것 같아요. 그분이 겪어온 고난의 길과 떨쳐 일어난 힘, 민주주의관, 이런 것들을 외국에서는 높게 평가하더군요. 그래서 노벨평화상을 수상하신 거죠.

우리는 지금 너무 눈앞의 것만 보고 있어요. 높이 올라가는 새가 멀리 본다잖아요. 그럼에도 한 차원 높은 스케일의 지도력을 보이는 지도자가 우리에겐 없죠.

지 / 김대중 정부 때, 통일 관련 부분에 대한 자문을 많이 하셨죠? 2001년 정부가 공식적으로 승인하여 평양에서 열린 민족통일대축전에 남측 대표로 참가하셨고요. 김대중 대통령 하면 떠오르는 것이 있나요?

임 / 마지막으로 병원에 입원하시기 전에 동교동으로 찾아뵈었을 때 저에게 자신감을 가지라고 하시더군요. "나는 임수경 씨에 대한 장점을 열 가지 이상 이야기할 수 있다. 자신감을 가져라"라고요. 그때 제가 아프리카 봉사활동을 하는 건 어떨지 여쭸더니, "그건 너에게 어울리는 일이 아니다. 뭔가 새로운 일을 하는 건 좋지만 이제는 10년 이상 할 수 있는 걸 해야지"라고 하시면서 "임수경 씨는 젊고, 예쁘고, 똑똑하고, 자기만의 역사를 살았잖니?" 그렇게 격려해주셨어요. 그리고 바로 병원에 입원하셨고 세상을 떠나셨어요.

새해 첫 날, 김대중 대통령 묘소 참배(동작동 국립묘지. 2015. 1. 1)

이희호 여사님을 모시고 여성의원들과 함께 김대중 대통령 묘소 참배(동작동 국립묘지, 2015. 5. 12)

지 / 임수경 의원에게 유언 비슷한 걸 하신건가요?

임 / 평소 저를 많이 아껴주셨어요. 김대중 대통령이 마지막으로 대중강연을 하신 곳이 외국어대학교예요. 제가 외대에서 강의하던 때라 찾아뵈었죠. 그 인연도 소중하다는 생각이 들고요.

저는 두분을 정말 존경해요. 평생을 정쟁의 소용돌이 한가운데 계셨는데 지치지 않으셨어요. 인동초처럼 고난을 이겨내셨던 큰 힘이 내게도 있을지 자문해보면 저에게는 없는 것 같아요. 무척 부지런하시고 책도 많이 읽으셨고요. 노무현 대통령이 5월 23일 돌아가시고, 김대중 대통령은 8월 18일에 돌아가셨잖아요. 불과 석 달도 안 되는 시간차를 두고 두 분이 떠나신 건 정말 안타까워요 .

지 / 노무현 전 대통령과도 인연이 있으시죠? 해인사에 있을 때 찾아와서 좋은 말씀을 해주셨다고 들었어요.

임 / 후보 시절에 한 번, 대통령 재임 중에 두 번, 해인사를 방문하셨어요. 지금도 해인사에 가면 노무현 대통령님 생각이 많이 나요. 모든 죽음은 다 슬프고 아프지만, 그분의 마지막을 생각하면 너무 가슴이 아파요. 제가 청와대에 근무했던 것도 아니고, 노사모 활동을 했던 것도 아니라 개인적으로 각별하지는 않았지만 봉하마을에 조문 갔을 때 발이 안 떨어져서 못 올라오겠더라고요. 정토원에서 49재를 지내기까지 매주 한 번씩 일곱 번을 가기도 했고요. 나중에 노무현 재단에서 일하는 후배가 "대통령님 49재에 한 번도 안 빠지고 계속 온 사람은 언니밖에 없다"면서 고마워하더군요.

지 / 박근혜 정부의 통일정책은 이명박 정부와 다르다고 봐야 할까요? 새누리당에서는 북한이 대화 국면으로 전환한 것도 한반도 신뢰 프로세스 정책의 성과라고 주장하는데요.

임 / '실뇌'라고 하는 사람도 있더군요. 뇌를 잃었다는 거죠(웃음). 국제정세가 대화 국면으로 가고 있는데, 우리나라 외교, 안보, 통일 담당들만 그렇지 않아요. 외교는 프로파간다가 아니에요. 선전, 선동을 할 게 아니라 진정한 신뢰 프로세스를 구축해야죠. 지금 국민들은 울고 있어요. 개성공단에 임직원들, 123개 기업, 하청업체, 원청업체가 6천 개 이상이거든요. 4인 가족을 기준으로 삼더라도 딸린 식구가 수만 명이에요. 이산가족 상봉을 신청한 사람이 12만 8천여 명인데 그중에서 4만여 명이 돌아가시고 7만 명 남았어요. 그분들 역시 향후 10년 안에는 이 세상에 안 계실 수 있어요. 통일부 홈페이지에 90세 넘은 할아버지가 딸 이름을 부르면서 얘기하는 영상이 있는데 보면 울컥해요. 더 늦기 전에 그분들 한을 풀어드려야지요.

지 / 박근혜 대통령이 광복절 경축사에서 '통일대박' 의제를 강화하겠다는 의지를 보였잖아요. 알맹이가 없다는 분석이 있긴 했지만 "통일은 더 이상 미룰 수 없는 시대적 소명"이라고 표현했는데요.

임 / 왜 말로만 자꾸 통일 코스프레를 하는지 모르겠어요. 말로만 하는 정치는 너무 쉽죠. 통일을 원한다면 먼저 조치부터 취해야죠. 실무진들에게 권력을 줘야 하고요. 최고지도자가 혼자 다 하려고 하면 아무것도 못해요. 북한의 입장이 변화하지 않으면 5·24조치를 철회하지 않겠다는 단호한 방침, 그렇게 개성공단 폐쇄했고 남북 경제 교류를 하시던 분들 다 망했어요. 5·24조치라도 빨리 풀어야 하는데 그럴 생각이 전혀 없잖아요.

지 / 박근혜 대통령이 남북관계를 개선시키려면 어디서부터 시작해야 한다고 생각하시나요?

임 / 대통령이 주변 이야기를 안 듣는다는 이야기는 참 믿기 어려운 부분이죠. 국회의원도, 당대표도 지낸 분이 어떻게 그렇게 남의 탓, 국회 탓만 하시는지 답답해요. 지금 남북관계는 극과 극으로 갈라져 있어요. 북한에 대한 입장 차이가 크기도 하고요. 북한을 쓰러뜨려 통일을 할 것인가, 교류와 협력을 통해서 자연스럽게 하나가 될 것인가에 대해 의견이 분분하죠. 일단 정치적인 부분은 차치하고 경제교류를 원활하게 해주기 위해 기존의 경제제재 조치는 풀어줄 필요가 있어요. 그게 우리 국민들에게도 이익이 되거든요. 우리 기업들이 친북적 성향 때문에 북한에서 기업을 하는 게 아니잖아요. 국내 내수경기, 인건비 등 여러 가지 조건을 고려하여 결정을 내리고 있죠. 저렴하고 질 높은 인력들을 활용하여 사업을 해요.

우리는 그간 교류협력을 통해 다양한 인적, 물적 자산들을 구축했어요. 1972년 「7·4 남북공동성명」을 발표하던 당시의 인력들이 있고, 90년대 노태우 정부 때의 북방정책, 김대중 정부 때의 햇볕정책, 그리고 두 번의 남북 정상회담을 거치면서 생긴 인력도 많아요. 북에도 어느 정도 정치적 지위를 갖춘 사람이 있고, 남에도 있어요. 그 모든 걸 포괄하여 큰 틀 안에서 서로 신뢰할 수 있는 합의기구를 만들어야 하거든요.

2013년에 통일부에서 북에 장관급 회담을 제의한 적이 있어요. 그런데 당시 북에서 온 사람이 장관급이 아니라는 이유로 우리는 차관을 내보냈어요. 그래서 회담이 결렬되었는데 우리가 북에서 온 사람에 대한 평가를 어떻게 하나요? 지금 우리는 김정은을 만나본 사람이 단 한 명도 없어요. 그저 북에서 김정은 시대를 맞아 어떻게 인적 교체를 했는지 추정만 하고 있잖아요. 언론보도나 「로동신문」의 논평을 근거로 추정만 하지 누가 실세고, 장관급인지 잘 모르고 있고요. 북에는 장관제도가 없어요. 물론 어느 정도의 급은 나와야겠죠. 장관급 회담을 열기로 했으면 장관을 내보내야죠. 차관을 내보내니까 일이 틀어지고 말았는데 그런 발상을 저는 이해하지 못하겠어요. 사실 회담의 격을 따지자면 6자회담도 격이 안 맞아요. 국회 외통위에서 제가 지적했는데, 러시아, 일본, 우리나라 등에서는 국제회담을 할 때 격이 안 맞는 사람들이 참석해요. 다만 한 나라를 대표하는 사람이니까 국제회담의 관례에 따라 인정하는 거죠. 그게 상식인데, 격이 안 맞는다고 하니까 북에서 불신하기 시작했잖아요. 민족화해협력범국민협의회^{민화협}, 민주평화통일자문회의^{민주평통} 같은 기구들이 지금도 남아 있어요. 그런 기구 내부에서는 정치적 성향이 다른 여러 층위의 사람들이 공존하고 있거든요. 민주평통, 민화협 같은 데서 다양한 경험과 인적 자산을 갖춘 분들 포함해서, 「6·15공동선언」, 「10·4공동선언」 참석자 등 북이 최소한의 신뢰할 수 있는 틀을 만들어주면 적어도 배척이나 불신하지는 못하거든요.

지 / 김대중 전 대통령 기일을 맞아 북한에서 조화를 보냈죠.

임 / 그건 큰 의미가 없어요. 어쨌든 박지원 의원님하고 임동원 장관님이 북에 갔을 때 현 정부가 그리도 바라던 대화 파트너인 김양건이 나왔잖아요. 그런 라인이 살아 있다는 건 좋은 거죠. 조화를 보내온 것 자체에 큰 의미가 있는 건 아니지만, 라인과 함께 대통령에게 의지가 있으면 우리 당은 당연히 도울 거고 그럴 만한 인력도 포진되어 있다는 걸 알아주셨으면 좋겠어요.

지 / 조계사에서는 8·15남북동시법회를 봉행했죠. 공산국가는 종교의 자유가 없다고들 생각하는데요. 동시법회는 조계사에서만 하나요?

임 / 북한에서는 신앙이라기보다 조직으로 존재하는데 조선불교도연합회라고 있어요. 불교는 일종의 오래된 전통문화인데 그런 차원에서 불교에 공감하는 북한 사람들이 있는 것 같아요. 옛날 절터도 많이 남아 있고요. 남북동시법회는 2013년도에는 봉은사랑 평양 광법사에서 한 적도 있고, 금강산 신계사에서도 했어요. 천태종 스님들은 개성 영통사를 2005년 복원하여 꾸준히 방문하고 있어요.

조그련이라고 조선그리스도연맹, 그리고 천주교 조직도 있어요. 그리고 조선천주교연합회 장재언 위원장하고 안중근 의사 기념사업회 이사장이신 함세웅 신부님께서 그쪽 관련한 모임을 하얼빈에서 하신 바도 있고요. 종교 차원의 인적교류는 계속 이뤄지고 있어요.

조국통일기원 8·15 남북불교도 동시법회 (조계사, 2014. 8. 15)

지 / 목원대 신학대 김흥수 교수는 「1980년대 이후 북한 종교의 변화와 사회적 환경」이라는 논문에서 "문익환 목사와 천주교인 임수경 씨의 방북은 북한사회에 종교인에 대한 새로운 인식을 요구하는 획기적인 일이었다"고 하셨죠. 종교인들의 교류는 남북관계에 어떤 영향을 끼칠 수 있을까요?

임 / 일단 종교인들의 교류는 훨씬 비정치적이에요. 공감하는 부분도 많고 경계의 벽을 허물 수 있는 면도 많죠. 그래서 좋은 것 같아요. 천주교가 끼친 영향도 많아요. 지난해 프란치스코 교황이 다녀가신 후에 천주교 신자가 많이 늘었잖아요. 문규현 신부님하고 천주교 신자였던 임수경 학생도 북한 종교에 영향을 끼쳤다고 말씀하셨는데, 종교와 신부에 대한 어학사전의 의미가 완전히 달라졌어요.

지 / 남북이 오래 떨어져 있어서 서로 이질감을 느낄 때 생기는 문제들이 종교적인 측면에서 풀릴 수도 있겠네요.

임 / 종교단체들이 인도적 지원사업을 많이 하잖아요. 비정치적 교류가 필요할 때 종교는 중요한 도구죠. 최근 종교지도자들이 좀 보수적으로 바뀌고 있는데요. 그래도 인도적 지원사업이나 남북문제는 보수적인 분들이 주도적, 적극적으로 나서주면 참 좋지요.

지 / 어쨌든 남북문제라는 게 파트너가 있는 거고, 미국이나 중국과의 관계에 영향을 받을 수밖에 없죠. 한동안 북쪽에서 대화제의도 많이 했는데, 우리 쪽에서 자꾸 의심의 눈초리만 보내 실망한 건지, 전략적으로 필요가 없어진 건지 요즘은 대화제의도 잘 안 하는 것 같던데요.

임 / 그쪽은 지금 그럴 겨를이 없을걸요? 우리가 김일성, 김정일이라는 인물은 어느 정도 알고 예측이 가능한 선에서 뭔가를 추구할 수 있었잖아요. 직접 만나보기도 했고요. 그런데 김정은은 만나본 사람이 단 한 명도 없어요. 그러니까 예측이 안 되죠. 그런 마당에 남북관계 전문가라고 나와서 얘기하고 예측하는 건 설득력이 없고 신빙성도 떨어지죠. 단 한 번도 당국 간에, 혹은 비선이라도 만나본 적이 없는데 어떻게 알겠어요? 요즘 통일부 공무원들은 어떤 일을 하고 있을까요? 현대아산도 남북경제팀이 계속 축소되고 있고요.

지 / 박 대통령에게 남북관계에 대해 조언을 하신다면?

임 / 제 얘기를 들으실 마음이 있으시다면, 제가 나름 재밌게 얘기해드릴 수 있는데요. 와인 좋은 거 한 병 들고 가서요(웃음).

지 / 지금부터 남북관계 원포인트 레슨을 해드리겠다?(웃음)

임 / 레슨까지는 아니더라도 또 다른 세계, 발상의 전환 같은 거에 대해 이야기를 나누었으면 해요. 그분이 콘크리트처럼 확고한 생각을 가지고 있잖아요. 저 같은 사람은 악의 축으로 생각할 수도 있지만 그렇지 않다는 말씀도 드리고요.

지 / 예전에는 이산가족 분들도 많이 살아 계셨고, 북한에서 누가 내려오면 환영하는 분위기도 있었잖아요. 요즘은 툭하면 종북이라고 몰아세우고, 젊은 사람들은 '통일을 하려면 부담이 클 텐데 군이 통일을 해야 되나?'라고 생각하는 사람도 많아요. 이런 상황을 돌파하려면 어떻게 해야 할까요?

임 / 경의선을 잇고 대륙으로 진출해야 해요. 그것만이 우리 경제의 탈출구죠. 북한과 기본적인 외교관계를 비자 받고 걸어서, 육로로, 기차로 여행도 가고요. 유럽이나 중앙아시아까지 육로로 연결되면 대한민국은 무역, 통상, 문화, 관광, 여러 가지 측면에서 우뚝 서게 될 거예요. 화석처럼 굳어버린 낡은 반공논리를 벗어던지고 말랑말랑한 상상력이 필요해요.

지 / 중국과 대만이 지금 그런 분위기로 가고 있잖아요.

임 / 꼭 북한이 최종 목적지가 아니더라도 중국 갈 때 북한을 거쳐서 가는 거예요. 그러면 청년들 의식도 달라지지 않을까요? 산티아고 순례길 걸어가듯이 육로로 쭉 런던까지도 갈 수 있거든요.

지 / 젊은 친구들이 임 의원님 책을 읽고는 80년대 말에 북한에서 백두산부터 판문점까지 걸어왔다는 걸 알고 놀라겠죠.

임 / 심지어 임수경 의원실에서 일하는 분들도 임수경을 잘 알지 못하더라고요. 제 살아온 삶을 언론이나 다른 책에서 읽어보고는 깜짝 놀라기도 하고요(웃음). 아무튼 뭔가 새로운 발상이 필요한데 지금 남한의 건설경기가 아주 어렵잖아요. 북한에 철도나 고속도로도 놓고, 건물도 짓고, 새롭게 관광산업 육성하고, 저는 그런 게 창조경제인 것 같은데요?

지 / 통일대박이라는 게 그런 의미일 텐데요. 선언적으로만 하지, 구체적인 진도는 나가지 않는 것 같아요.

임 / 구체적인 진도가 나가려면 공적으로 맑고 열린 마음이 있어야 하죠. 남북문제에 탁한 정치적 음모만 난무하니까 난망해요.

지 / 남한 사람들이 탈북자들을 배척하는 이유는 뭘까요?

임 / 우리 사회가 어떻게 보면 극단적으로 잔인한 사회예요. 다른 사람에 대한 배려와 포용이 부족하죠. 세월호 유가족들에게 막말을 던지는 사람들도 있잖아요. 탈북자, 특히 여성이나 청소년들은 어떻겠어요. 지금 군에서 각종 가혹행위가 아직 존재하는 것도 인간의 잔인성과 우리 사회의 극단적인 갈등이 맞물려 있기 때문이에요. 그래서 저는 범국민적 인본주의 운동이나 인류애적 문화운동 같은 걸 했으면 좋겠어요.

산에 다녀보면 모르는 사람에게도 인사하잖아요. "안녕하세요? 수고하십니다." 이렇게요. 그러던 사람들이 산에서 내려와 운전대만 잡으면 쌍욕을 하고 한 치의 양보도 없어요. 그것 참 이상하죠. 똑같은 사람인데, 산과 도로 그 차이뿐인데 말이죠.

지 / 탈북하신 분들이 국정원 합동신문센터에서 비인간적인 방식으로 수사를 받기도 하고 간첩으로 몰리기도 했죠.

임 / 잠재적 간첩으로 보는 거예요. 결백을 증명해 보이기 위해 더 극우적 논리에 휘둘리는지도 모르고요.

지 / 국정원 직원들은 고급 인력들일 텐데, 댓글이나 달게 만들고, 탈북자를 잠재적 간첩으로 의심하더라도 어느 순간 아니라는 걸 뻔히 알 텐데 증거를 조작해 무리하게 수사하곤 하죠. 그런 시스템 자체가 문제인 거 같아요. 사실 많은 사람들이 김대중 전 대통령이 남북관계를 풀어가기 위해 했던 여러 가지 일들, 예를 들어 햇볕정책은 기억하고 있지만, 지금 야당의 통일정책이 뭔지 잘 몰라요.

임 / 우리 당의 공식적인 통일정책은 「6·15 공동선언」과 「10·4 정상선언」을 계승하는 거예요. 박근혜 정부는 통일 제안은 풍성한 듯보이는데 정작 먹을 반찬이 많지 않아요. 넉넉한 쪽에서 좀 더 통 크게 제안도 하고 양보도 하고 그래야 하는데요.

지 / 예전에는 통일운동이 있었는데, 지금은 있는지 없는지 알 수 없는 상황인 것 같아요. 대중성이 많이 약해진 거죠. 운동은 일정한 대중성을 얻어야 힘도 생길 텐데요.

임 / 있어요. 그런데 너무 탄압받으니까요. 통일 선봉대도 있고, 통일단체도 있어요. 예전에는 아무것도 없었던 하얀 도화지였잖아요. 이런저런 그림을 그릴 수 있었죠. 한번 그려도 보고 한번 가보기도 하고, 그래서 이제는 알잖아요. 북한에 대한 호기심이나 새로운 게 더는 없죠. 그러니까 또 다른 차원에서 해야 되는데, 그게 억지로 안돼요. 언제까지 고민해야 될지 모르겠지만, 늘 고민을 해요.

지 / 노동운동도 87년의 에너지가 다시 나올 수는 없겠죠. 일정하게 조직화는 됐지만, 그게 대중적으로 확산되지는 못하는 상황에서 자본은 공격할 방법을 다양하게 마련하고 있잖아요. 예전에는 무식하게 식칼로 테러하고 그랬지만, 요즘은 손해배상 소송을 하는데, 그게 사람을 더 미치게 만들고 가정을 파괴하잖아요. 통일운동도 그런 상황이 된 것 같은데요.

임 / 경제논리로 접근하면 될 것 같아요. 통일을 정치나 이념 안에 가둬놓지 말고 남북 간의 대치상황을 평화로운 상황, 전시상황이 아니라 평화국면으로 바꾸는 게 중요한 것 같아요. 예를 들어 DMZ 평화공원 같은 거는 제대로만 활용하면 세계적인 관광지가 될 수 있어요. 그 안에서 우드스톡 같은 록페스티벌도 하고요. 임진강과 한강이 만나는 곳에 철책을 걷어내고 수변공원을 만드는 건 어떨까요. 우리의 자본과 기술력으로 북한에서 할 수 있는 게 많잖아요. 사람들이 통일세니 뭐니 하면서 통일되면 우리가 북한을 거둬 먹여야 되는 것처럼 얘기하는데 절대 그렇지 않아요. 그건 정치적 논리고, 경제적 논리로 본다면 우리도 큰 이득이 있죠. 제2개성공단 만들고, 해주항을 공동으로 쓰면서 서해 어로를 개척하고, 대륙으로 진출할 수 있는 길을 만들고, 그러면 진짜 통일대박이 날걸요. 그리고 우리는 고구려 연구가 없는데 북에는 문화유산, 고구려 유적이 아직 남아 있거든요.

제가 최근에 관심을 가지고 있는 것 중에 이북 5도 무형문화재, 황해도 별신굿, 서도소리 등이 있어요. 북한에는 그런 전통문화가 남아 있지 않아요. 전통문화예술인들이 월남을 해서 남쪽에서 전수를 했기 때문에 전수자들이 남아 있는 거예요.

경기민요는 경기도에서 지원을 하지만 이북 무형문화재는 지원해 줄 수 있는 지자체가 없어요. 그러니까 맥이 끊기거든요. 그런 무형문화재를 계승 발굴하고, 우리 민족의 맥을 잇고 민족혼을 이어가는 일이잖아요. 이산가족 문제도 있고요. 이산가족 문제는 정말 10년 안에 해결되지 않으면 그분들 다 돌아가실 거예요.

지 / 남북관계에서 일종의 끈 역할을 하는 것들을 붙잡아놔야 되는데 오래 떨어져 있으면 문화적 이질감도 깊어지잖아요. 이질감을 해소하고 공통의 기억들을 남겨놓으려면 자주, 많이 만나야 될 텐데요. 그런 걸 풀 수 있다고 기대되는 정치인이나 인물이 있나요?

임 / 박근혜 대통령도 할 수 있어요. 북한에 다녀오셨잖아요. 한번

인신매매에 관한 국제 컨퍼런스 기조연설 (네팔 카트만두, 2014. 1. 17)

KOICA 지원 사업 현지시찰 엘살바도르 어린이들과 함께 (2013. 5. 28)

가서 저쪽 지도자를 만나봐야겠다고 생각한 건 당시로서는 굉장히 열린 발상이에요. 현역 정치인도 아니고, 당시 미래재단 이사장 자격으로 간 거잖아요. 그때 사진 보면 무척 젊고 고우시더군요(웃음).

지 / 언론환경도 남북관계 개선에 있어 적대적으로 변했잖아요. 나이 드신 분들은 대한민국 망하고 있다고 생각하죠.

임 / 우리 사회현실이 그렇기 때문에 이용하고 이용당하기도 하고 매를 맞기도 하는, 그런 거죠. 언론환경을 비롯해 우리 사회의 정치 사회 지형이 너무 기울어져 있어요.

지 / 임수경의 방북을 기억하고 있는 사람들은 남북문제를 풀 때 굉장한 자산이 될 거라고 기대하고 있어요.

임 / 저는 진심으로 밀알, 한 줌의 재가 되어도 좋아요. 제 이름을 휘날리고 싶은 사람이 아니기 때문에요. 남북관계가 좋아지면 저 같은 사람이 역할을 할 수 있었으면 해요. 국회 제 사무실에 상선약수(上善若水)라는 글귀가 걸려 있어요. 몸을 낮추고 겸손하게 남에게 이로움을 주는 삶을 살다 보면 제가 할 수 있는 다른 일이나 기회가 자연스럽게 생기지 않겠나 싶어요.

참된 것들과 나누는 이별의 악수

국회를 떠나며

그의 수첩에는 정치란 국민의 눈물을 닦아드리는 일이라고 쓰여 있다. 대중이 흘리는 눈물이야말로, 고통이야말로 정치의 질료인 것이다. 그걸 송두리째 마시는 자가 있고, 그걸 잉크로 삼아 붓으로 찍어 팔아먹는 자가 있고, 눈물을 닦아주는 자가 있다.

이제 그 수첩은 낡았다. 종이가 닳았다고 뜻이 닳는 건 아닐 게다. 그에게 물었다. 지난 4년을. 구구하게 길게 물었고 답은 짧았다.

무 / 4년을 정리하자면?

임 / 무슨 말을 해도 변명인 것 알아요. 더 잘할 수 있었는데…. 그런 생각이 근래 와서 부쩍 많이 들어요. 아쉽죠. 정치인이란 빚지는 사람이더라고요. 세금 써서 빚지고, 뜻을 빚지고, 부모 형제 친구들에게도 빚을 지고요. 정말 몰랐어요. 빚지는 자리라는 걸요. 큰 부채만 남은 거죠. 4년으로는 갚을 길 없는 큰 빚.

무 ∕ 초선 여성의원으로 보수언론의 집중포화를 받았다는 점이 있는데. 실력을 떠나서 표적이 된.

임 ∕ 정치인으로 말하자면 그 또한 실력에 속한다고 봐요. 나를 실험하려 들었다는 것도 알지만 그 또한 넘어야만 하는 거더라고요.

무 ∕ 파도를 탓하는 뱃사람일 수 없다는 거로군. 밖에서 볼 때는 임수경이니까 당연히 통일과 관련된 일을 많이 하지 않을까 싶었던 것인데 분단을 넘어서려고 했던 일이 도리어 발목을 잡는 듯해서.

임 ∕ 기회가 주어진다면 열심히 해보고 싶었는데 뜻대로 잘되질 않았어요. 그런 직책이나 직분, 자리를 변명해서는 안 되지만요. 그래서 애초에 상임위를 외교통일위원회에 지원했던 건데 개원하면서 바로 행정안전위원회로 바뀌었어요. 어찌어찌 해서 외통위로 갔다가 다시 미방위로 옮겼고, 특위활동도 상당히 중요해서 남북관계발전특위에 꼭 가고 싶었는데 나에게 배정된 건 창조경제활성화특위, 이런 식이었어요.

무 ∕ 국회의원은 저마다가 입법기관이니 법률 발의를 했을 텐데.

임 ∕ 경비업법이 첫 번째 통과된 법이죠. 말이 경비원이지 용역업체라는 게 실은 폭력집단이거든요. 사설 경비업체에 대한 경찰의 관리감독 의무를 강화하고, 경비업체 등록요건도 강화하고, 반드시 제복을 입고 경비원이라는 걸 밝히도록 하는 내용도 넣었고요. 파업현장에서 용역업체들 폭력은 정말 무시무시했어요. 법이 통과될 때 이게 국회의원이 하는 일이구나 하는 걸 비로소 느꼈어요.

무 ∕ 보통 사람들 생각과 달리 경찰들이 국회의원 임수경을 좋아한다고 하던데?

임 / 몇몇 좋아하는 경찰이 있겠죠(웃음). 경찰청 무기계약직 문제를 지속적으로 물고 늘어졌어요. 제복 입은 경찰관과 거의 똑같은 일을 하는데 계약직이라서 경력도 인정이 안 되는, 그분들의 처우나 급여 개선 같은 문제를 계속 환기시켰어요. 경찰청 무기계약직 차별에 관한 토론회를 열었는데 그분들이 다 휴가를 내고 전국에서 왔어요. 헌정기념관이 꽉 차서 바닥에 앉고 그랬죠. 그분들이 가져온 문구가 뭐였는지 알아요? '우리는 투명인간이 아니다.'

무 / 투명경찰들이 이렇게 많다니.

임 / 후원금이 들어오는데 5천 원, 1만 원, 심지어 3천 원 후원금도 있었어요. 국회의원들이 정치후원금으로 10만 원은 세액공제 해드린다고 요청을 보내잖아요. 이건 정상적인 월급을 받으시는 분에 해당하는 거예요. 후원금을 받으면 중앙선관위에서 발급한 영수증을 등기로 보내주는데 우편비용이 1,810원이에요. 그래도 3천 원 후원금 보낸 분들 명단 보면서 울컥했어요. 끝까지 해결해드리지 못해서 그게 아직도 큰 빚으로 남아 있어요. 임금이 낮다는 것, 정규직이 아니라는 건 인권수준이 낮은 것과 같아요. 후원금을 못 내는 사람들에게 정치가 관심을 가져야 한다는 걸 절박하게 깨달았죠.

무 / 정치라기보다 정치인이. 어쨌든 경찰 또한 노동권 문제가 심각하다는 말이군. 어디나처럼 다르지 않다는 건데, 이건 다른 의미에서 신자유주의 경찰문제이기도 하고.

임 / 여성이 많다는 점에서도 더 심각해요. 기한이 없는, 무기계약직. 공무원 총원 숫자 같은 법에 갇혀 있어서요.

무 / 대화를 시작할 때 4년 마치는 심정이 아쉬웠다고 했는데 가장 아쉬운 일은?

임 / 말씀드리기조차 송구스럽지만… 세월호죠. 4·16. 살아 있다는 게 죄만 같은데 더구나 그때 국회의원이었으니 이 죄를 짊어지고 어찌 살아갈까 싶어요. 진도 팽목항과 실내체육관을 오가면서 아이를 잃은 가족들과 많은 대화도 하고 했지만 죄만 남았어요. 국정감사 때 장준하 선생 관련 자료를 산더미처럼 받아서 읽고 준비하고 했는데 그 또한 해결하지 못하고 말았고요.

무 / 그때 의사 출신 정의화 국회의장도, 서울대 법의학자인 서울대 이정빈 교수도 장준하 선생 사인은 추락사가 아니라고 했는데. 1975년 8월 17일이니까 벌써 40년 세월이 흐른 건데.

임 / 80년 광주는 국립묘지를 만들고 국가기념일을 만들어놓고도 「임을 위한 행진곡」을 못 부르게 하잖아요. 심지어 48년 제주 4·3도 다르지 않고요. 40년 세월이 짧아요. 4·3을 기준으로 하면 하물며 70년이란 세월도 짧은가봐요.

무 / 고통을 부정하는 역사, 죽은 자들을 망실시키려는 지배집단의 어떤 기도가 중단되질 않고 있다는 거네.

임 / 유신시대 긴급조치로 처벌받은 사람들이 재심을 통해 무죄판결을 받고 있지만 동시에 역사가 부정 당하고 있는 거죠. 제가 국회의원이 되기 전에는 방북 25주년이 되면 무언가 해볼까 하는 생각도 없잖아 있었어요. 그런데 하긴 뭘 해요. 국가에 의한 형벌은 끝났을지 몰라도 이렇게 여전히 공격받고 재판받고 있는데요.

무 / 탈북자, 새터민 이런 분들을 위한 활동도 꾸준히 해왔다고 들었다. 이건 정말 보통 사람들이 잘 모르는 대목이 아닌가 싶은데.

임 / 북한이탈주민정착지원에 관한 법률을 통과시켰고 여성가족위에서 탈북 여성, 청소년 문제 계속 했죠. 통일 이후를 준비하는 통일법제추진단 제정법도 만들었는데 논의도 안 되었어요. 이건 두고두고 숙제로 남을 거예요.

무 / 그런데도 묘한 반감을 갖고 있거나 까닭 없이 증오하는 사람들이 친북 종북 딱지를 붙이고 있는 거구나. 새누리당이 아니라 왜 임수경 의원이 발의를 한 건가?

임 / 그분들이 사회적 약자나 소수자에 대한 관심이 별로 없는 건 사실이지 않나요? 좋은 법 발의해줘서 고맙다는 이야기를 새누리당 김영우 의원한테 들었어요.

무 / 분단체제는 늘 약자를 생산해왔고 탈북자들 또한 마찬가지다, 그런 점에서 법안을 만들고자 했다는 뜻이군. 기왕에 묻는 건데 어떤 탈북자가 임수경 의원에 대해 심하게 공격한 적이 있었는데 왜 구구한 설명을 한 번도 한 적이 제대로 한 적이 없는지?

임 / 그 사람이 사회적 약자라는 생각이 들어서요. 새누리당 의원들이 비난하고 허위사실을 유포하고 할 때는 소송도 했어요. 그들은 강자니까요.

무 / 그 밖에 생각에 남는 법은?

임 / 250만 재외국민 선거에 대한 공직선거법인데요. 지난 대통령 선거 때 처음으로 해외에 사는 한국인들이 재외국민 선거를 했어요.

특수지역과 소수언어에 대한 국가 지원을 위한 토론회. 임수경 의원 대표발의 「특수외국어교육 진흥에 관한 법률 제정법」은 19대 정기국회 마지막 날, 극적으로 통과되었다. (국회의원회관, 2015. 9. 9)

대선 직후 재외선거 관련 브리핑을 받으러 여기저기 다니며 대사관과 현지에서 선거관리를 했던 참관인 같은 분들에게 문제점을 찾아내서 그걸 토대로 법안을 만든 거죠. 거의 직접 취재해서 얻은 내용을 토대로 했어요. 진짜 오래 걸렸는데 어쨌든 2015년 정기국회 마지막 날, 본회의에서 통과되었어요. 보람 있었죠.

무 / 주권을 쓸 만하게 살려낸 일이네.

임 / 특수외국어교육지원에 관한 제정법도 통과되었어요. 외국어대학을 나온 덕분에 그 필요성을 절감하기도 했는데 영어, 중국어 같은 큰 나라 언어는 학교며 학원이 수두룩한데 작은 나라 언어들을 배우고 지켜낼 수 있도록 한 지원법이죠. 무역이나 통상 같은 데도 필요하겠지만 문화적으로 문명사적으로 꼭 필요한 일이예요.

무 / 그 또한 약자의 언어라고 볼 수 있겠네. 대학에서 문학상을 받은 문학소녀, 음악을 좋아하는 소녀였는데 긴 대화를 마무리하는 대목에서 노래나 음악을 추천한다면?

임 / 힘들 때 듣는 음악은 모차르트 「피가로의 결혼」 중 편지의 이중창. 영화 「쇼생크탈출」에서 주인공이 교도소 방송실에서 문을 걸어 잠그고 음악을 들려주잖아요. 무력하고 지친 재소자들이 스피커에서 노래가 나오자 다들 일을 하다 말고 음악에 귀를 기울여요. 교도관은 밖에서 문 열라고 쾅쾅 두드리고요. 주인공이 독백을 하죠. '아름다운 새가 날아와 벽을 허문 것 같았다. 아주 잠시나마 쇼생크 안의 모든 것이 자유를 느꼈다.'

무 / '포근한 산들바람이 오늘 밤 불어오네. 숲의 소나무 아래 나머지는 그가 알 거야' 이런 식의 노랫말인데 아직도 탈출 중인가 보네. 어디론가?

임 / 그러게요. 늘 답답하고, 묶여 있는 것 같고 늘 어딘가에 탁 트인 세상을, 자유를 꿈 꿔요. 영화 「불멸의 연인」에서 소년 베토벤이 술 취한 아버지에게 얻어맞고 창문 밖으로 도망을 가는 대목이 있어요. 숲이 있는 곳에 드러누우니 소년 베토벤이 하늘로 떠오르면서 별이 막 쏟아지거든요. 그때 나오는 합창, 경이롭고 시원하죠.

무 / 베토벤 교향곡 9번 제4악장 「환희의 송가」로군. 한국 음악 중에서는? 이미 말한 김민기는 빼고.

임 / 이적의 「다행이다」. '그대를 안고서, 되지 않는 위로라도 할 수 있어서 다행이다' 가사가 좋아요. 위로하고 싶고, 위로받고 싶어서 좋아해요.

신안 가거도 해경 헬기 추락사고 희생자 합동영결식(목포 서해해경안전본부, 2015. 5. 25)

무 / 책은 왜 내려고 하는가?

임 / 제대로 된 이별의 선물로 남기고 싶어서요. 국회의원 하는 동안 감사드릴 분들이 너무 많아요.

무 / 마지막인데 내가 한마디 물어보고 싶다. 내내 대화를 나누는 동안 이 이야기들이 무엇이라고 느꼈는가.

임 / 엄살 부리지 못하는 한 여인에 관한 보고서!

(그 사이에 차 한 잔을 마셔야 했다.)

임수경이 국회를 떠난다. 민주통합당 비례대표로 19대 국회에 들어와서 더민주 의원으로 4년 임기를 마치고 자연인으로 돌아간다. 이 책을 내는 일이 국회에서 하는 마지막 일이다. 후원금을 위해 벌이는 잔치도 아니고, 정치적 미래를 염두에 두고 사람을 모으는 일도 아니다. 이별하기 위하여, 착실한 이별을 위하여 임수경은 몇 해 동안 대화를 하고 글을 쓰고 정돈하였다.

이별을 준비하는 동안, 그는 다시 한 번 많은 것들과 이별을 감행해야 했다. 자기 삶의 이별들이 찾아와서 악수를 청했다.

이 책은 그 악수들이 남기고 간 흔적이다.

참된 것들과 나누는 이별의 악수는 영혼에 지문을 남긴다.